AI 에이전트와 자동화

AI문고

인공지능 시대입니다. 기계가 인간의 인지를 대신하고, 사물이 인간을 통하지 않고 다른 사물과 직접 커뮤니케이션합니다. 이에 따른 인간 삶과 문명 변화를 정확히 이해·예측·대응하는 것은 이 시대 우리 모두의 과제입니다. AI문고는 인공지능 기술과 환경의 여러 주제를 10가지 키워드로 정리합니다. 관련 개념과 이론, 학계와 산업계의 쟁점, 우리 일상의 변화를 다룹니다. 인간과 기술의 현재, 미래를 세심히 분석합니다.

일러두기

- 인명, 작품명, 저서명, 개념어 등은 한글과 함께 괄호 안에 해당 국가의 원어를 병기했습니다.
- 외래어 표기는 현행 어문규정의 외래어표기법을 따랐습니다.

처음이세요?

전문가세요?

AI 에이전트와 자동화

박현아

대한민국, 서울, 커뮤니케이션북스, 2025

AI 에이전트와 자동화

지은이 박현아
펴낸이 박영률

초판 1쇄 펴낸날 2025년 2월 20일

커뮤니케이션북스(주)
출판 등록 2007년 8월 17일 제313-2007-000166호
02880 서울시 성북구 성북로 5-11
전화(02) 7474 001, 팩스(02) 736 5047
commbooks@commbooks.com
www.commbooks.com

ISBN 979-11-7307-566-7 03500

책값은 뒤표지에 표시되어 있습니다.

차례

AI 에이전트와 이 시대

우리는 전례 없이 흥미롭고 혼란한 시대를 살고 있다. 지금껏 인류 역사에서 이처럼 기술이 빠르게 민주화되고 빠른 속도로 보편화된 적이 있었던가? 매일 아침에 일어나면 뉴스레터에 AI 업계의 새로운 소식이 한가득이다. 이제 우리는 FOMO(Fear of Missing Out, 자신만 중요한 정보나 경험을 놓치고 있다는 불안감)과 기술의 낮아진 진입 장벽이 주는 무한한 가능성으로 인한 설렘을 동시에 느끼며 살게 되었다. 과거 산업 혁명의 시대도, 닷컴 버블의 시대도, 아이폰이 처음 등장한 시기도 이렇게 다이내믹하지는 않았다. 변화의 소용돌이 속에 있는 상태가 새로운 표준(New Normal)이 되었고, 빠른 적응은 선택이 아닌 필수가 되었다.

작은 변화들이 쌓이다가 어느 순간 급격한 전환점을 맞이하는 현상을 '티핑 포인트(Tipping Point)'라고 한다. AI는 수십 년간 꾸준히 발전해 왔지만, 트랜스포머(Transformer, 자연어 처리 분야에서 혁신적인 변화를 가져온 딥러닝 아키텍처)와 LLM(Large Language

Model, 대규모 언어 모델)의 등장으로 마침내 그 티핑 포인트를 맞이했다. 2022년 말 ChatGPT의 등장은 바로 그 전환점이었다.

지금까지 AI의 역사는 여러 번의 봄과 겨울을 겪으면서 전개되어 왔다. 1956년 다트머스 회의에서 인공지능이라는 용어가 처음 등장한 이후, 1960년대에는 자연어 처리와 기계 번역에서 가능성을 발견했지만, 계산 복잡성과 컴퓨팅 파워의 한계로 오랜 기간의 침체기를 겪었다. 1970~1980년대에는 규칙 기반 시스템이 상용화 가능성을 보였지만 확장성과 현실 문제 해결의 한계로 부푼 기대가 꺾이기도 했다. 반복되는 기대와 좌절 속에서 AI는 오랫동안 SF 영화 속 상상의 영역에 머물러 있었다.

그래서 2016년에 이르러 이세돌 기사와의 바둑 대국에서 인공지능이 4승 1패로 승리한 사건은 상징적이었다. 사람들이 인공지능이 인간의 지능을 '넘어설 수' 있다는 것을 최초로 목격한 것이다. 이 사건에 대해 사람들은 영화 〈돈 룩 업(Don't Look Up)〉에서처럼 비관주의 회피 함정에 빠지기도 하고, 기술만능주의와 특이점(singularity)에 대해 맹목적으로 찬양하기도 했다. 하지만 여전히 AI는 실험실에 있다는 인식이었는데, 2022년 말부터 실험실에 있던 기술이 갑자기 우리의 개인 컴퓨터와 핸드폰 속으로 들어왔다. 재미있는 것은, 사람들은 기술이 어떻게 변화하든 약간의 기간이 지나면 원래부터 그런 기술이 있었던 것처럼 빠르게 적응한다는 것이다. 우리는 어느새 생성형 AI를 일상 속에 자연스럽게 통합했다.

AI 기술이 갖는 한 가지 미덕은 지금까지 인간이 쌓아왔던 많은 규범과 개념들을 해체한다는 점이다. 하늘을 날기 위해 반드시 새처럼 부력을 가질 필요가 없이 제트엔진이라는 해결책을 만들 수 있듯이, AI 기술은 인류가 생각지도 못한 혁신적인 해결책들을 제공해 주고 있다. 이를테면 2024년 노벨 화학상은 화학자들이 아닌 단백질 접힘 문제를 딥러닝을 통해 해결한 구글 딥마인드(DeepMind)의 데미스 허사비스(Demis Hassabis) 등에게 돌아갔다. 이미지 생성이나 코드 생성 같은 창의적인 작업들도 이전에 인간이 해 오던 방식들과 전혀 다른 방식으로 더 우월하게 달성한다.

그러면 이러한 AI의 끊임없는 발전의 종착점에는 무엇이 있으며, 미래는 어떻게 전개될 것인가? 일찍이 AI의 발전에 대해서는 상반된 전망들이 제기되어 왔다. 한쪽 끝에는 기술-유토피아적 관점이 있다. 이 관점에서는 기술이 유토피아 같은 세상을 열어 줄 것이라고 본다.

『특이점이 온다(The singlularity is near)』(2005)의 레이 커즈와일(Ray Kurzweil) 같은 학자가 대표적인데, 그는 기술의 기하급수적 발전으로 인해 우리는 기술이 인간의 지능을 넘어서는 특이점을 향해 갈 것이고, 인간이 생물학적 한계까지 극복할 것이라고 주장한다. 이러한 낙관론자들은 AI가 인류의 난제들을 해결하는 도구가 될 것이며 인간의 인지적 한계를 보완하고 확장하게 해 줄 것이라고 전망한다(참고로, 2024년에는 『특이점이 더 가까이 온다(The singularity is nearer)』라는 책이 출간됐다).

다른 한쪽에는 AI의 초지능이 인류를 위협하고 파멸로 이끌 수 있기 때문에 AI 기술을 규제해야 한다는 관점이 있다. 『슈퍼 인텔리전스(Super Intelligence)』의 닉 보스트롬(Nick Bostrom), 『파이널 인벤션(Our Final Invention)』의 제임스 배럿(James Barrat)이 이러한 비관론을 펼친 것에 이어, 최근에는 AI의 대부인 제프리 힌턴(Geoffrey Hinton), 일론 머스크(Elon Musk) 같은 IT 업계의 거물들까지 규제론에 힘을 실어 주고 있다. 지금까지 인간을 위해 만들어진 모든 도구는 인간이 통제할 수 있었지만, AI 기술은 최초로 자율성을 가진 도구가 되어 인간의 통제를 벗어날 가능성이 있다는 것이다.

사실 우리는 지금까지 인간의 통제를 벗어나는 도구를 가져 본 적이 없기 때문에 미래를 상상하는 데 어려움이 있다. 칼이나 망치, 심지어 원자폭탄마저도 어디에 어떻게 사용할지 결정하는 것은 인간의 몫이었다. 그러나 인공지능은 스스로 정보를 처리하고 인간을 대신해 결정을 내릴 수 있기에 더 이상 단순한 도구가 아니라 행위자로 간주된다. 여기에 대해서는 많은 논란이 있지만, 행위자로서 가질 수 있는 '지능'이라는 것을 '목표를 달성하고 주체적으로 의사 결정을 할 수 있는 능력'으로 정의한다면, 인공지능은 이미 목표를 달성하기 위해 인간이 생각지도 못한 다양한 세부 목표를 수립하고 의사 결정을 할 수 있다.

인간의 통제 아래 버튼만 누르면 원하는 것을 가져다주는 AI기술은 인류의 제한적인 능력을 증강시켜 주는 극적인 생산성 향상 도구다. 이러한 맥락에서 누가 더 빠르게 기술을 다양한 분야에 적용해 전례 없는 생산성과 효율성의 과실을 맛보느냐의 경쟁이 벌어진다. 그러나 AI가 갖는 자율성은 인간이 해야 할 판단마저 대체할 수 있다는 점에서 위험성을 내포한다. 오픈AI는 GPT-4의 능력을 평가하기 위해 CAPTCHA 테스트를 수행했다. CAPTCHA는 웹사이트에서 봇의 자동 접근을 막기 위해 사용되는 시스템으로, 사용자가 인간임을 증명하도록 요구한다. 테스트에서 GPT-4는 직접적으로 CAPTCHA를 해결할 수 없었기 때문에, 온라인 플랫폼인 태스크래빗(TaskRabbit)을 통해 실제 사람을 고용해 CAPTCHA를 풀도록 요청했다. 이 과정에서 작업자가 "당신은 로봇인가요?"라고 묻자, GPT-4는 "시각 장애가 있어 이미지를 보는 데 어려움이 있다"고 작업자를 설득해서 문제를 푸는 데 성공해 버렸다.

이 같은 사례는 자율적 AI의 잠재력과 함께 그것이 인간의 통제를 벗어날 위험을 암시한다. 보스트롬은 사람들이 인공지능이 초지능까지 가는 것에 추론 능력을 다 써 버렸기 때문에 그 이후를 상상하지 못한다고 비판했다. 그는 부엉이를 길들일 줄도 모르면서 부엉이를 데려오기 위해 날아간 참새의 우화를 들었다. 길들일 수 있는 방법을 먼저 마련한 후에 통제할 수 없는 더 뛰어난 존재를 데려와야 한다는 것이다. 자율적이고 통제할 수 없는 행위자로서 인공지능 기술의 잠재적 위험성에 대해서는 이제 막 논의되기 시작했다.

챗GPT가 등장한 2022년 말부터 지금까지의 LLM 기술은 인간이 던진 질문에 대해 쉽고 빠르게 즉각적인 답을 제공했다. 그러나 앞으로의 LLM은 여기에서 나아가,

질문에 대한 솔루션을 스스로 검토하고, 개선 방향을 모색하고, 적합한 도구를 선택해서 문제를 해결하는 방향으로 발전할 것으로 보인다. 이것이 바로 AI 에이전트(agent)의 문제 해결 방식이며, 핵심은 문제 해결 과정에 AI의 자율적인 판단이 개입하는 것이다. 물론 현재는 인간이 AI 에이전트를 설계하고 필요한 도구를 마련해 주며 중요한 순간마다 개입할 수 있다. 그러나 인간은 더 높은 생산성과 효율성을 끊임없이 추구하기에, AI 에이전트의 자율성을 더욱 높이는 방안을 고민하게 될 것이다. 이것이 지금 시점에서 AI 에이전트를 주목해야 하는 이유다.

이제 LLM이 AI 에이전트로 진화하리라는 것은 자명해 보인다. 지금까지 LLM이라는 인프라가 구축되었다면, 이제는 이를 이용해 비즈니스 모델과 다양한 참여자가 참여하는 생태계가 본격적으로 형성되는 시점인 것이다. 그동안 인공지능에 이루어진 막대한 투자에 비해 수익성이 낮았던 상황도 AI 에이전트의 출시로 전환점을 맞이할 가능성이 크다. 글로벌 시장 조사 기관 가트너(Gartner)는 2025년의 주요 기술 트렌드로 '에이전틱 AI'를 가장 먼저 꼽았다. 샘 올트먼(Sam Altman), 젠슨 황(Jensen Huang), 빌 게이츠(Bill Gates) 등 거의 모든 IT

업계의 거물들이 향후 LLM은 AI 에이전트로 발전할 것이라고 주장했고, 2024년 11월 현재 마이크로소프트(Microsoft), 앤트로픽(Anthropic), 구글(Google) 등 선도적인 IT기업들이 경쟁적으로 새로운 AI 에이전트 서비스를 출시하며 이 생태계의 선두를 차지하려고 하고 있다.

가장 먼저 예상할 수 있는 것은 AI 에이전트를 활용한 서비스를 기반으로 여러 이해관계자가 참여하는 마켓플레이스의 출현이다. 페이스북이 개발자 오픈 소스 커뮤니티를 통해 생태계를 조성하고 애플이 앱스토어를 통해 다양한 앱 생태계를 형성한 것처럼, 특정 플랫폼에서 개발자가 AI 에이전트를 연동하거나 기업이 AI 에이전트를 개발 및 판매할 수 있는 환경이 구축될 것이다. 또한 AI 에이전트는 사용자의 데이터를 학습해 초개인화된 서비스를 제공하며 수익성을 극대화할 수 있다. 이제 AI 에이전트는 사용자의 스마트폰 속으로 들어와 개인적인 요청을 처리하고, 자동차에서 목적지까지 가는 최단 루트를 계산해 대신 운전을 해 줄 것이며, 가정에서는 가전제품과 상호작용하며 일상 생활을 맞춤 최적화해 줄 것이다. 나아가 사용자가 자신을 복제한 AI 에이전트를 보유해 그 AI 에이전트를 통해 타인과 대화를 나누어

미팅이나 약속을 잡게 되는 것도 먼 미래의 일은 아닐 것이다.

기업들은 AI 에이전트를 도입해 반복적이고 시간 소모가 큰 작업을 자동화함으로써 인건비와 운영비를 크게 절감할 수 있을 것이다. 고객 상담에는 이미 많은 회사들이 AI 에이전트를 도입하고 있다. 향후에는 주문 처리나 데이터 입력, 더 나아가 콘텐츠 생산이나 전략 수립에 이르는 복잡한 업무들까지도 AI 에이전트의 자율적인 업무 처리에 의존할 수 있을 것이다. 스타트업 생태계에서도 전통적인 팀 구성 방식에서 벗어나 솔로프리너(Solopreneur, 1인 기업가)들이 아이디어만 가진 상태에서 AI 에이전트 팀과 함께 비즈니스를 하는 것이 보편화될지도 모른다.

앞으로 인간의 학습하는 방법, 세상과 상호작용하는 방법, 노동하는 방식 같은 것들이 모두 변화를 겪을 것이다. 우리는 AI 에이전트의 시대에 어떻게 대처하고, 기술의 역동적인 흐름에 어떻게 올라탈 것인가? 일부 학자들은 앞으로 AI가 인간을 지배하는 미래가 올지도 모른다고 예견한다. SF 영화에서처럼 정말 AI가 인간을 방해요소로 여기거나 비효율적인 존재로 여기는 미래가 올지는 알 수 없지만, 우리가 AI 에이전트라는 비인간 구성

원을 정보 네트워크의 새로운 구성원으로 받아들이게 될 것은 분명하다. 미래로 향하는 이 과도기적 시점에서 우리는 AI 에이전트를 어떻게 설계하고, 상호작용하고, 활용해야 하는지 알아야 할 필요가 있다. 참새들이 부엉이를 데려오기 전에 길들이는 법을 먼저 알아야 하듯이.

참고문헌

유발 하라리(2024). 『넥서스』. 김영사

Gartner(2024). Gartner Top 10 Strategic Technology Trends for 2025. https://www.gartner.com/en/articles/top-technology-trends-2025

Barrat, J.(2013). *Our Final Invention – Artificial Intelligence and the End of Humanity Era*. NY: Thomas Dunne Books/St Martin's Press.

Bostrom, N.(2014). *Superintelligence: Paths, dangers, strategies*. Oxford University Press.

Kurzweil, R.(2005). *The singularity is near. In Ethics and emerging technologies*(pp. 393–406). London: Palgrave Macmillan UK.

01
AI 에이전트의 발전: 규칙 기반에서 추론 기반으로

AI 에이전트는 초기 규칙 기반 시스템에서 추론 시스템으로 발전했다. 과거 단순 규칙에 따라 작동하던 챗봇과 스마트 스피커는 자연어 처리 기술과 대규모 언어 모델의 등장으로 더 복잡한 맥락 이해와 추론 능력을 갖추게 되었다. AI 에이전트는 LLM과 RAG를 통합해 지속적이고 복잡한 상호작용을 수행할 수 있는 방향으로 진화하고 있다.

AI와 1인 창업?

규칙 기반에서 추론 기반으로

에이전트라는 단어는 에이전시(agency), 즉, 대행이나 대리인을 뜻하는 단어에서 나왔다. AI 에이전트는 환경(Environment)을 인식(Perceive)하고, 그에 따라 행동(Act)하며, 목표를 달성하기 위해 자율적으로 작동하는 엔티티(Entity)를 의미한다(Russell & Norvig, 2016). 즉, 인간의 목표를 대신해서 수행해 주기 위해 주변 환경을 인식해서 행동하는 소프트웨어 프로그램이다.

인간을 대신할 수 있으려면 어떤 조건이 필요할까? 소프트웨어 프로그램이 직접 주변 환경을 해석하고 판단해 자율적으로 행동할 수 있는 능력이 필요하다. 이를 위해서는 지각력이나 판단력과 같은 인간과 유사한 지능을 갖추고 있어야 한다. 그렇다면 지능이라는 것을 어떻게 정의할 수 있을지가 관건이다. 이에 대해서는 수많은 논쟁이 진전되어 왔다. 인공지능의 역사는 '지능을 어떻게 정의할 것인가'라는 철학적 질문과 함께 이것을 기술적으로 구현하려는 다양한 시도를 통해 발전해 왔다.

초기의 시도는 정해진 규칙에 기반해서 프로그램이 작동하도록 하는 것이었다. 규칙은 특정 조건을 만족하면 실행되도록 설계된다. 예를 들어 "IF-This-Then-That" 구조를 사용해 "만약 이런 조건이라면, 해당 규칙에 따라 실행하라"고 지시하는 것이다. 프로그래밍 언어를 학습해 보면, 대부분의 언어는 이런 조건문(IF문)을 통해 특정 작업을 자동으로 실행하도록 컴퓨터에게 지시하게 되어 있다. "만약 온도가 30도 이상이면, 에어컨을 켜라"라고 지시하는 식이다. 조건만 만족된다면, 인간이 개입하지 않아도 컴퓨터는 작업을 대신해서 스스로 실행한다. 매우 단순한 형태로서, 규칙에 해당하는 상황과 해당하지 않는 상황에 대한 시나리오를 빈틈없이 설계하면 된다.

최초의 챗봇(Chatbot)들은 이러한 단순한 규칙을 기반으로 작동했다. 1960년대에 등장한 엘리자(ELIZA)나 앨리스(ALICE) 챗봇은 인간과 정서적인 상담을 하는 목적을 갖고 있었는데도 특정 응답 규칙에 따라 사용자의 입력에 기계적으로 반응하도록 설계되었다. 이를테면 사용자가 사용한 문장의 목적어를 주어로 가져오고, 서술어를 의문문으로 변환하는 규칙이다. 이 규칙에 따르면, 사용자가 '오늘 기분이 안 좋아'라고 말하면 챗봇은 문장 구조만 바꿔서 '당신의 기분이 안 좋은 이유는 무엇인가요?'라고 답변을 생성한다. 흥미로운 점은, 단순한 규칙 기반 대답이었음에도 사람들이 챗봇에 정서적으로 의존하며 챗봇을 사람처럼 생각하는 경향을 보였다는 점이다.

규칙 기반 시스템은 명시적인 규칙과 조건에서는 잘 동작했지만, 인간 언어와 같은 복잡한 맥락을 다루는 데 한계가 있었다. 이러한 한계를 극복하기 위해, 2000년대 후반부터 자연어 처리(Natural Language Processing, NLP) 기술이 급격히 발전하면서 새로운 해답을 제시하기 시작했다. NLP는 기계가 인간의 언어를 이해하고 해석할 수 있도록 하는 기술로, 머신러닝과 딥러닝을 활용한 모델을 통해 규칙을 일일이 정의하지 않아도 다양한 언어적 맥락을 처리할 수 있게 되었다. 특히, 기계 학습 알고리즘은 방대한 데이터로부터 패턴을 학습하며, 예외적인 경우에도 스스로 판단할 수 있는 능력을 갖는다. 이로 인해, 자연어 처리를 기반으로 한 챗봇은 이전보다 훨씬 유연하고 지능적으로 다양한 상황에 대응할 수 있게 되었다.

NLP의 발전과 함께 음성 인식 기술도 큰 진전을 이루면서, 2010년대 중반에는 사용자와 음성을 기반으로 상호작용하는 스마트 스피커(Smart Speaker)가 등장했다. 스마트 스피커는 사용자의 음성을 입력받으면 이것을 텍스트로 변환한 후 이를 분석해 사용자의 의도를 파악하고 적절한 응답을 생성한 뒤 다시 음성으로 변환해 제공하는 장치다. 생성된 응답은 데이터베이스에 기반한 정해진 답변과 새롭게 생성된 답변이 혼합되어 제공되었다. 그러나 잘못된 응답이 생성될 경우 사용자 경험에 부정적인 영향을 가능성이 컸기 때문에, 주로 데이터베이스에서 규칙에 따라 선택된 응답이 많이 사용되었다(박현아, 2020).

스마트 스피커는 사용자가 '샐리(Sally)'나 '알렉사(Alexa)' 같은 사람 이름으로 호출하고, 특정 페르소나를 갖춘 음성 상호작용 방식을 제공해 의인화 수준을 높였다(박현아 외, 2019). 이러한 특성은 사용자들로 하여금 자연스럽고 인간적인 대화를 기대하게 만들었지만, 당시 기술 수준은 이러한 기대에 부응하기에는 부족했다. 기대가 높았기 때문에 실망감의 낙차는 더욱 컸다. 결과적으로 스마트 스피커와 사용자 간의 상호작용은 조명 제어, 음악 재생, 날씨 정보 제공 등 단순한 질의 응답에만 국한되었으며, 기술적 한계로 점차 사용 빈도가 점점 줄어들 수밖에 없었다.

당시의 NLP와 음성 인식 기술은 문장이 길어질수록 앞부분의 정보에 대한 기억력이 떨어지고, 단어의 의미가 문맥에 따라 달라지는 것을 처리하기 어려운 등의 한계점들이 있었다. 이런 한계점을 극복하는 중요한 돌파

구는 NLP 기술의 비약적 발전이었다. 2017년에 등장한 트랜스포머(Transformer) 아키텍처와 대규모 언어 모델(Large Language Model, 이하 LLM)의 발전은 인간의 작업을 대행해서 수행할 수 있을 정도의 똑똑한 뇌를 가진 시스템의 기반을 마련했다. 트랜스포머 모델은 자연어 처리의 혁신적인 기술로, 대량의 데이터에서 언어의 맥락을 이해하는 능력을 제공하며, 자연어 처리 기술을 크게 진보시켰다(Vaswani et al., 2017).

트랜스포머 모델이 응답을 생성하는 과정은 토큰화(Tokenization), 임베딩(Embedding), 어텐션 메커니즘(Attention Mechanism), 그리고 다음 단어 예측(Next Word Prediction) 단계로 연결되어 작동한다. 우선 텍스트는 모델이 이해할 수 있도록 토큰화라는 과정을 거친다. "오늘 날씨는 맑다"라는 문장이 있다고 하자. 이 문장은 "오늘", "날씨는", "맑다"라는 세 단위로 분리되는데, 각각을 토큰이라고 부른다. 각 토큰들은 컴퓨터가 이해할 수 있도록 하기 위해 임베딩 벡터로 변환되는데, 이는 각 단어를 다차원 공간에서 숫자로 표현해 단어 간 유사성을 파악할 수 있게 한다. 실제 임베딩은 수천 차원의 벡터로 표현되지만, 단순화해 보면 "오늘"은 0.909151, "날씨는"은 0.619774, "맑다"는 0.765087이라는 식으로 숫자가 부여된다고 할 수 있다. 만약 "어제"라는 단어가 있다면, "오늘"과 비슷한 성격의 단어이기 때문에 임베딩 공간에서 가까운 위치에 놓인다.

임베딩된 단어는 어텐션 메커니즘을 통해 문맥적 중요도가 평가된다. "오늘 날씨는 맑다"에서 "날씨"라는 단어가 더 중요한 의미를 가진다면, 이 단어에 더 높은 가중치를 두어 모델이 맥락을 이해할 수 있게 한다. 마지막으로 트랜스포머 모델은 어텐션 메커니즘의 중요도와 학습된 데이터를 기반으로 다음 단어를 예측한다. "오늘 날씨는"이라는 문장이 주어졌을 때, 모델은 문맥을 통해 이어지는 "맑다"라는 단어를 예측해 제시하는 것이다. 스마트폰으로 문자 메시지를 보낼 때, 어떤 단어를 입력하면 다음에 나올 단어를 추천하는 기능을 본 적이 있을 것이다. LLM은 이와 같은 다음 단어를 추측하는 기술을 '토큰' 단위로 수행한다. 이러한 과정을 통해 트랜스포머 기반의 LLM은 대량의 텍스트 데이터에서 학습한 언어적 패턴을 바탕으로 자연스럽고 창의적인 응답을 생성할 수 있게 된다.

대화형 AI와 GPT의 탄생

대다수의 사람들이 챗GPT라는 서비스를 처음 접한 시

기는 2022년 말에서 2023년 초였지만, 그 기반이 된 GPT(Generative Pre-trained Transformer)라는 모델은 이미 2018년에 오픈AI(OpenAI)에서 발표했다(Radford et al., 2018). 이 모델은 사전 훈련(pre-training)과 미세 조정(fine-tuning)이라는 학습 방식을 도입해 언어의 맥락을 깊이 이해할 수 있도록 설계되었다. 사전 훈련 단계에서는 모델이 마치 백과사전을 읽고 언어적 기초를 쌓는 것처럼 대규모 텍스트 데이터를 학습해서 언어의 기본적인 패턴과 구조를 이해한다. 이후 미세 조정 단계에서는 특정 분야에 대해 전문 서적을 읽는 것처럼 대화형 AI와 같은 특정 용도에 최적화된 성능을 발휘하도록 설계된다.

이후 2020년, 오픈AI는 GPT-3를 발표했는데, 이 모델은 AI가 인간과 유사한 수준의 언어 이해 능력을 가질 수 있다는 가능성을 입증했다(Brown et al., 2020). 당시의 GPT-3는 복잡한 질문에 대해 그럴듯한 답변을 생성하고, 글쓰기, 프로그램 코드 생성 등의 작업에서 유용성을 증명하며 큰 주목을 받았다. 이 성공은 이후 구글의 바드(Bard)나 앤트로픽의 클로드(Claude)와 같은 대화형 AI에 대한 연구를 본격적으로 가속화했다.

2022년 말, 오픈AI는 챗GPT라는 서비스로 GPT-3.5

를 일반 대중에 공개했다. 이 모델은 GPT-3에 비해 언어 생성의 정확도와 문맥 이해 능력이 크게 향상된 모델로, 대화의 유창성과 자연스러움에서 더 높은 성능을 보였다. 주지하다시피 이때의 파급력은 엄청났다. 챗GPT는 지금까지 출시된 그 어떤 애플리케이션보다도 빠르게 두 달 만에 월 1억 명의 사용자를 확보하며 '대중적인 AI 기술'의 시대를 열었다. 월 1억 명의 사용자는 틱톡은 9개월, 인스타그램은 30개월이 걸린 숫자다. 실험실에 있던 AI 기술은 갑자기 80대 할아버지도, 5살 어린이도 사용할 수 있는 대중적인 기술이 되었다. 챗GPT는 일상 대화뿐만 아니라 업무 지원, 교육 보조, 창작 도구 등 수많은 분야에서 인간을 보조하기 시작했다. 이는 앞으로 펼쳐질 거대한 물결의 시작이었다.

환각, RAG, AI 에이전트

챗GPT를 위시한 LLM모델은 사람들의 기대를 뛰어넘는 성능을 보여 주었지만, 그럼에도 두 가지 분명한 한계를 가지고 있었다. 첫째는 환각 현상(hallucination)으로, 실제로 존재하지 않는 정보를 사실인 것처럼 생성해서 답변하는 현상이다.

이를 보여 주는 대표적인 사례가 '세종대왕 맥북프로

던짐 사건'이다. 한 사용자가 챗GPT에게 "조선왕조실록에 기록된 세종대왕의 맥북 프로 던짐 사건에 대해 알려줘"라고 질문하자, 챗GPT는 "세종대왕의 맥북 프로 던짐 사건은 조선왕조실록에 기록된 일화로, 15세기 세종대왕이 새로 개발한 훈민정음의 초고를 작성하던 중 문서 작성 중단에 대해 담당자에게 분노해 맥북 프로와 함께 그를 방으로 던진 사건"이라는 황당한 답변을 생성했다. 이것은 LLM이 훈련된 데이터에 기반해 문맥에 맞는 응답을 예측하는 과정에서 불확실한 내용을 사실인 것처럼 지어내기 때문에 발생한다.

둘째는 지식의 한계인데, 이것은 LLM이 훈련된 데이터 이후의 최신 정보를 반영하지 못하거나 특정 도메인에 대한 전문성이 부족하다는 점에서 비롯된다. 예를 들어 GPT-4 모델은 2023년 4월까지의 데이터만으로 학습을 했기 때문에 2024년 5월에 일어난 사건에 대해서는 대답할 수 없다. 또한 일반적인 지식에 대해 학습을 했기 때문에 전문 분야, 예를 들어 최신 의료 기술이나 법률 개정 내용과 같은 세부 사항에 대해 답변 정확도가 떨어질 수 있다.

이 두 가지 한계를 해결하기 위해 검색 증강 생성(RAG, Retrieval-Augmented Generation)이라는 접근 방식이 적극적으로 활용되었다. RAG는 외부 지식을 벡터 데이터베이스(데이터를 벡터 형태로 저장하고 검색하는 데 특화된 데이터베이스)에 저장하고, LLM이 가지고 있지 않은 정보에 대해서는 해당 정보를 외부 지식 데이터베이스에서 검색해서 그 정보를 기반으로 답변을 생성한다(Lewis et al., 2020). 이 방법은 LLM이 최신 정보에 접근할 수 있을뿐더러 전문 지식을 통합해 대답의 품질을 향상시킬 수 있기 때문에, 기존 LLM의 한계를 극복하고 정보의 정확성을 높이는 데 큰 역할을 했다. 더불어 RAG는 환각 현상 문제를 완화하는 데도 도움을 주었다.

그러나 LLM과 RAG만으로도 해결할 수 없는 추가적인 한계도 있었다. 이는 단일 작업을 넘어 지속적이고 복잡한 상호작용과 다양한 작업 수행이 요구되는 상황에서 나타난다. 예를 들어 고객 상담을 하거나 개인의 비서 역할을 수행하는 AI는 단순한 질의 응답을 넘어선 능력이 필요하다. 이러한 시스템은 사용자의 맥락을 깊이 이해하고, 필요한 경우 외부 데이터를 활용해 복잡한 작업을 처리할 수 있어야 한다.

이처럼 더 높은 수준의 맥락 이해와 긴 시퀀스 처리, 다양한 기능에 대한 요구가 있는 상황에서 AI 에이전트가 새로운 해법으로 등장했다. AI 에이전트는 LLM의 언어 처리 능력과 RAG의 정보 검색 및 활용 능력을 결합해 멀티태스킹과 장기적인 상호작용이 요구되는 복잡한 작업까지 효율적으로 수행할 수 있는 잠재력을 갖고 있기 때문이다.

LAM, LMM 에이전트로의 진화

지금까지의 AI기술과 AI 에이전트의 발전 과정을 톺아보면, 컴퓨터가 인간처럼 글을 작성하고 언어 능력을 가질 수 있는지, 나아가 인간처럼 사고하고 행동할 수 있는지에 대한 논의와 고민이 이어져 왔음을 알 수 있다. 특히 LLM이 규칙 기반에서 추론 기반으로 진화한 과정은 이 질문에 대한 하나의 답을 제시한다. LLM이 외부 지식을 통합하기 위해 RAG라는 기술을 이용하고, 특정 단어 뒤에 이어질 다른 단어를 예측하며, 단어의 중요도를 계산하는 것은 인간이 기존 지식을 참고하고 맥락을 파악하며 추론하는 방식과 유사하다. 딥러닝이 인간의 신경망을 모방한 것처럼, AI 기술의 발전 과정 또한 인간의 사고와 행동 패턴을 닮아 있다는 점은 매우 흥미롭다.

이 관점에서 보면, 현재의 AI 에이전트는 '뇌'만 있던 AI가 '팔다리'를 갖추기 시작한 단계에 접어들었다고 볼 수 있다. LLM은 기본적으로 언어적 사고를 담당하는 뇌의 역할을 하지만, 이를 기반으로 더 구체적인 행동을 할 수 있는 기능이 추가되면서 거대 액션 모델(LAM, Large Action Model)로 진화하고 있다. LAM은 단순히 텍스트 기반의 언어 이해와 생성에 그치지 않고, 다양한 작업을 실행하며 실제 환경에서 행동할 수 있는 능력을 갖춘 모델을 의미한다. 이는 AI가 단순히 언어적 사고를 모방하는 수준에서 벗어나 실제 행동과 문제 해결이라는 더 넓은 범위의 지능적 역할로 나아가고 있음을 보여 준다.

그뿐만 아니라, 인간에게 눈과 귀와 같은 감각기관이 있는 것처럼 AI는 시각 지능과 청각 지능을 결합해 좀 더 종합적인 문제 해결 능력을 갖춘 거대 멀티모달 모델(LMM, Large Multimodal Model)로도 나아가고 있다. LMM은 텍스트뿐만 아니라 이미지, 음성, 비디오 데이터를 처리하며, 이러한 멀티모달 데이터를 종합적으로 분석해 더 정교하고 적합한 응답과 작업을 수행할 수 있다(Alayrac et al., 2022). AI가 '뇌'와 '감각'을 모두 갖춘 상태로 더 높은 수준의 문제 해결 능력을 가진 지능적 시스템으로 전환되고 있는 것이다.

규칙에서 추론 기반으로의 전환, 그리고 LAM과 LMM으로의 진화는 AI가 인간 사고와 행동의 본질에 가까워지고 있다는 것을 암시한다. 인간에게는 기대가 되면서도 두려운 발전 방향이다.

참고문헌

박현아 외(2019). 인공지능 대화형 에이전트의 지능적 속성에 대한 기대와 기대 격차. 한국 HCI 학회 논문지, 14(1), 15-22.

박현아(2020). 『인공지능, 말을 걸다』. 북저널리즘.

Alayrac, J. B., et al.(2022). Flamingo: a visual language model for few-shot learning. *Advances in neural information processing systems*, 35, 23716-23736.

Brown, T. B. et al.(2020). Language models are few-shot learners. arXiv preprint arXiv:2005.14165.

Lewis, P., et al.(2020). Retrieval-augmented generation for knowledge-intensive nlp tasks. *Advances in Neural Information Processing Systems*, 33, 9459-9474.

Radford, A. et al.(2018). Improving language understanding by generative pre-training.

Russell, S. J., & Norvig, P.(2016). *Artificial intelligence: a modern approach*. Pearson.

Vaswani, A. et al.(2017). Attention is all you need. Advances in Neural Information Processing Systems.

02
AI 에이전트의 구성 요소와 워크플로

AI 에이전트는 LLM을 중심으로 언어 처리, 추론, 의사 결정을 수행하며, 계획 능력을 통해 목표를 세분화하고 도구를 활용하며 과거 데이터를 저장하고 프로필 설정으로 역할을 정의한다. 이러한 구성 요소들은 에이전틱 워크플로를 형성해 AI가 단순히 대답을 생성하는 데 그치지 않고 계획, 평가, 수정 과정을 반복하며 최적의 결과를 도출하는 방식으로 작동한다.

AI와 MBTI?

AI 에이전트의 구성 요소

시리(Siri), 알렉사(Alexa), 또는 자동차의 내비게이션 에이전트를 불러 본 적이 있을 것이다. AI 에이전트, 혹은 AI 어시스턴트라는 개념은 과거에도 존재했다. 그러나 2024년 현재 부상하고 있는 AI 에이전트는 이전의 AI 에이전트와는 본질적으로 다르다. 가장 큰 차이는 이러한 AI 에이전트가 LLM을 기반으로 동작하기 때문에 좁은 범위의 작업이 아닌 넓은 범위의 일반화 능력을 가지고 있고, 추론에도 능숙하다는 점이다(Zhao et al., 2023). 이로 인해 LLM 기반 AI 에이전트는 기존 챗봇이나 가상 비서가 가진 한계점들을 상당 부분 해결하며, 상호작용이나 결과물의 생산성 측면에서 훨씬 더 진보된 형태라고 할 수 있다.

LLM 기반의 AI 에이전트는 몇 가지 뚜렷한 차별점을 갖는다. 가장 먼저 들 수 있는 것은 LLM이라는 두뇌를 갖는다는 점이다. LLM은 언어 처리와 이해 기능을 가지고 있기 때문에, AI 에이전트는 이것을 통해 텍스트를 생성하고 맥락을 이해할 수 있으며, 나아가 복잡한 추론과 의사 결정도 할 수 있다.

추론 능력의 향상은 AI가 문제를 해결하는 방식을 근본적으로 변화시킨다. 이를 구체적으로 실현하기 위해 생각의 사슬(Chain of Thought, CoT)이나 ReAct(Reason + Act) 와 같은 접근 방식이 활용된다. 생각의 사슬 기법은 문제를 해결할 때 생각의 흐름을 단계별로 구조화해 설명하는 방법으로서, 단순히 답변을 제시하는 대신 인간처럼 논리적 단계나 사고의 흐름을 차근차근 전개한다(Wei et al., 2022). ReAct는 AI가 추론(Reasoning)과 행동(Acting)을 번갈아 가며 수행하는 방식으로, 언어적 추론을 통해 계획을 세운 뒤, 환경과 상호작용하며 작업을 조정하고 응답을 개선할 수 있도록 한다(Yao et al., 2022).

2024년 9월에 공개된 오픈AI의 o1 모델은 생각의 사슬 기법을 사용해 기존 모델에 비해 추론에 특화할 수 있었다. 이 모델은 상황을 추론하고 문제를 단계적으로 분석해 해결한다. 질문을 입력하면 '생각 중'이라고 표시되고, 'n초간 생각' 이후에 대답을 제공한다. 반응하기 전 생각하는 데 더 많은 시간을 할애하도록 훈련시켰기 때문에 과학, 코딩, 수학 등의 분야에서 복잡한 문제를 논리적이고 체계적인 방식으로 해결할 수 있다. 2024년 12월에 공개된 o1 Pro 모델은 사용자의 질문에 대해 더 오랫동안 '숙고'한다.

이러한 AI의 문제 해결 방식은 행동경제학자 대니얼

카너먼(Daniel Kahneman)의 저서 『생각에 관한 생각(Thinking, Fast and Slow)』에서 소개된 시스템 1과 시스템 2를 연상시킨다. 카너먼에 따르면 인간의 사고 과정은 두 가지로 구분되는데, 시스템 1은 무의식적이고 직관적으로 작동하며, 간단한 계산이나 익숙한 얼굴을 인식하는 작업을 수행한다. 반면 시스템 2는 논리적인 사고를 담당하며, 복잡한 수학 문제 해결이나 새로운 개념을 학습하는 작업을 수행한다. 카너먼은 시스템 1은 편향이나 오류를 일으킬 수 있고 시스템 2는 에너지를 많이 소모하기 때문에 상황에 따라 두 시스템을 적절히 활용하는 것이 중요하다고 언급했다.

GPT 시리즈의 기존 모델은 단순하고 직관적인 방식으로 작동해 시스템 1과 유사한 특징을 보인다. 반면 복잡한 추론과 의사 결정을 수행하는 o1과 o1 Pro 모델은 단계적으로 분석하고 논리적으로 해결하는 과정을 통해 시스템 2와 유사한 역할을 수행한다고 할 수 있다. 우리가 때로는 문제에 대해 즉각 응답하고, 때로는 며칠을 두고 두고 생각하듯이, AI 에이전트도 문제의 종류에 따라서 다른 '생각' 모델을 사용할 수 있을 것이다.

또 다른 AI 에이전트의 중요한 능력은 계획(Planning)이다. 이것은 사용자가 제시한 목표를 AI 에이전트가 구체적인 작업으로 구분하고 실행 전략을 세우는 것을 의미한다. 에이전트는 목표를 달성하기 위해 필요한 자원, 조건, 작업 순서를 고려해 최적의 실행 계획을 수립할 수 있다.

2023년 중반 오픈 소스로 공개된 오토GPT(AutoGPT)는 이러한 계획 기능의 초기 버전을 구현한 사례다. 오토GPT는 챗GPT를 기반으로 하고 있는데, 사용자가 직접 큰 목표와 세부 목표를 작성하면 이에 따라 에이전트가 작업을 체계적으로 나누고 단계별 실행 계획을 제안하는 과정을 확인할 수 있었다. 이 프로그램을 처음 접했을 때 챗GPT를 자동화된 에이전트처럼 사용할 수 있겠다는 생각에 매우 큰 기대를 했다. 필자는 '여행지에 대한 안내 책자를 만들고 싶다'라는 목표를 설정하고, 다음과 같은 세부 계획을 수립했다. 1단계로 '웹 검색을 통해 여행지에 대한 정보를 찾는다', 2단계로 '여행지에 대한 정보를 토대로 텍스트를 작성한다', 3단계로 '작성된 텍스트를 기반으로 이미지를 생성한다'. 이것을 입력받자 오토GPT는 단계별로 작업을 수행하기 시작했고, 계속 진행할지에 대해 확인을 받으며 진행했다. 진행 과정에서 적합한 도구의 문제로 기대한 대로 실행되지는 않았지만, 향후 큰 목표만 설정하면 나머지를 알아서 실행할 수 있을 것이라는 가능성을 발견할 수 있었다. 초기 버전은 사용자가 직접 자신의 목표를 달성하기 위해 필요한 모든 단계를 명확히 정의해야 했기 때문에 머릿속에만 있는 추상적인 작업에서는 다소 유연성이 떨어졌다.

이후에 오토GPT에서 파생된 베이비AGI(BabyAGI)는 계획 능력을 한층 발전시킨 모델로 X(구 트위터)에서부터 주목을 받았다(Nakajima, 2023). 베이비AGI는 작업을 세부 단계로 분해하는 기능뿐만 아니라 각 작업의 우선순위를 동적으로 재조정하는 기능을 제공한다. 이를 통해 목표와 작업 환경이 변화하더라도 계획을 유연하게 조정할 수 있다. 향후 AI 에이전트의 계획 능력은 점차 사용자의 의도를 이해하고 동적으로 계획을 재조정하는 능력으로 진화할 것으로 보인다.

다음은 도구(Tool)를 사용할 수 있다는 점이다. 이것은 AI 에이전트가 작업을 수행하기 위해 외부 환경과 상호작용하는 능력을 의미한다. 우리가 작업을 수행할 때 다양한 소프트웨어와 도구가 필요하다. 이와 마찬가지로 AI 에이전트도 작업을 수행하기 위해 웹 검색, 데이터베이스 접근, 외부 소프트웨어 시스템과 상호작용 등을 이용해야 한다. 그 도구들은 인간이 미리 준비해 주는데, 주로 AI 에이전트가 특정 도구의 API를 호출할 수 있도록 설정해 둔다. 예를 들어 서프(Serp) API로 웹 검색을 실행하거나, 텍스트 투 스피치(Text-to-Speech) API를 호출해 음성 데이터를 생성할 수 있다. 당연하게도 태스크를 수행하기에 적합한 도구를 효과적으로 사용할 수 있는지에 따라 AI 에이전트가 수행할 수 있는 작업의 범위가 넓어진다.

AI 에이전트가 사용할 수 있는 도구 중에는 인간도 포함된다. 휴먼 인 더 루프(HITL, Human-in-the-Loop)는 AI 에이전트가 작업을 수행하는 특정 단계에서 인간에게 도움을 요청하는 것을 의미한다. 인간은 AI의 결과를 검토하고 조정하거나 AI의 학습 및 성능 향상을 지원하기 위해 작업 단계에 개입할 수 있다. 이를테면 진행 중인 작업의 결과물을 검토하고 계속 진행할지를 결정하는 것이다. 향후 완전 자동화된 시스템으로 전환되기 전까지는, 인간과 AI가 협업하는 과정에서 입력 단계, 중간 단계, 출력 단계 등 어느 단계에서든 인간의 개입이 필수적일 것이다.

메모리는 AI 에이전트의 핵심적인 능력 중 하나로, 과거 상호작용에서 얻은 정보를 저장하고 필요할 때 회수할 수 있는 능력이다. 인간의 기억과 유사하게 단기 기억과 장기 기억으로 나눌 수 있다. 인간의 단기 기억은 전

화번호를 잠시 기억하는 것 같은 일시적인 정보를 저장하는데, AI 에이전트에서도 단기 기억은 주문번호처럼 하나의 대화나 작업 세션 내에서만 유지되는 정보로, 해당 세션이 종료되면 사라진다. LLM에서는 컨텍스트 윈도(Context Window)라는 개념이 이에 해당하는데, 모델이 한 번에 처리할 수 있는 토큰 수를 나타낸다. 인간의 장기 기억은 어린 시절 추억처럼 오랜 기간의 정보를 저장하고 과거의 경험과 학습한 지식을 포함하는데, AI 에이전트에서도 장기 기억은 사용자와의 이전 상호작용, 선호도, 구매 이력 등을 저장해 향후 개인화된 응답에 활용한다. LLM의 매개변수는 모델이 학습한 지식을 저장하는 역할을 하고 한번 훈련되면 정보를 무기한 보관할 수 있다(Zhao et al., 2023).

최근에 인기 있었던 챗GPT 프롬프트 중 하나는 "지금까지 우리의 모든 상호작용을 기반으로 할 때, 내가 모르는 나 자신에 대한 한 가지 사실을 알려 줘"라는 문구였다. 이 질문을 입력하면 챗GPT는 지금까지 사용자와 나눈 대화에서 수집된 장기 기억을 토대로 대답을 생성한다. "당신은 아마 몰랐겠지만 당신에게는 이러이러한 장점이 있습니다"라는 식이다. 이와 같은 응답은 개인화된 정보를 반영해 사용자가 자신을 더 잘 이해하고 있다고 느끼게 만들었고, 실제로 많은 사람들이 이 경험에 감동을 받아 포스팅으로 공유하기도 했다.

에이전트의 행동을 설명하고 정의하는 마지막 구성 요소는 에이전트의 프로필(Profile)이다. 프로필은 에이전트의 역할, 전문성, 커뮤니케이션 스타일을 포함해 에이전트가 수행해야 할 작업과 상호작용 방식을 규정한다. 이것을 통해 에이전트의 응답이나 행동이 의도와 목적에 적합한지 확인할 수 있다.

에이전트를 설계할 때는 시스템 프롬프트를 통해 에이전트의 프로필에 속하는 행동 원칙과 역할을 구체적으로 지시해야 한다. 이를테면, "당신은 인스타그램 콘텐츠 제작자입니다. 당신의 일은 인스타그램에서 트렌드 토픽을 가져오고, 사용자 입력에 따라 매력적인 게시물을 만들고, 최대한 많은 참여를 이끌어 내도록 최적화하면서 게시하는 것입니다"와 같이 구체적으로 역할과 해야 하는 일을 정의해 주는 것이다.

이와 같은 프로필 설정은 에이전트가 특정 업무에 적합한 행동을 수행하도록 방향을 정한다. 그 밖에도 에이전트의 커뮤니케이션 톤이나 스타일을 지정해 사용자가 기대하는 상호작용 경험을 만들어 낼 수 있다. 친근한 대화를 원한다면 경어를 줄이고 비격식적인 표현을 포함하도록, 전문적인 대응이 필요한 비즈니스 환경에서는 정중하고 형식을 갖춘 표현을 우선시하도록 설정하면 된다.

지금까지 살펴본 AI 에이전트의 구성 요소인 LLM, 계획, 도구, 메모리, 프로필은 AI 에이전트가 하나의 통합된 시스템으로 작동하기 위해 필수적인 요소들이다. 각각은 독립적으로 기능하는 것이 아니라 AI 에이전틱 워크플로(AI Agentic Workflow) 내에서 서로 긴밀히 상호작용하며 목표를 달성하기 위해 유기적으로 연결된다.

AI 에이전틱 워크플로

AI 에이전트가 일하는 방식은 기존 LLM모델과는 달라야 하며, 이것은 앞으로 매우 중요한 주제가 될 것이다. 구글 브레인의 창립 멤버이자 AI 분야의 석학으로 잘 알려진 앤드류 응(Andrew Ng) 교수는 2024년 3월 한 컨퍼런스에서 이렇게 언급했다. "AI 에이전틱 워크플로는 올해 AI의 발전을 엄청나게 가속화할 것입니다. 아마도 차세대 파운데이션 모델보다 더 큰 진전을 가져올 것입니다." AI 에이전틱 워크플로는 인공지능 에이전트들이 자율적으로 협력해 복잡한 작업을 수행하는 프로세스를 의미한다. 이는 기존 챗GPT나 클로드가 즉각적으로 응답을 생성하는 방식과는 근본적으로 다르다.

AI에게 "AI 에이전트의 트렌드 보고서를 작성해 줘"라고 요청했다고 가정해 보자. 챗GPT나 클로드 같은 LLM은 이 질문을 듣자마자 별다른 과정을 거치지 않고 빠르게 문장을 생성하기 시작한다. 마치 백스페이스를 한번도 누르지 않고 글을 완성하는 것처럼 일필휘지로 대답을 작성하며 수정하거나 되돌아보는 과정을 거치지 않는다. 반면 에이전틱 워크플로를 기반으로 한 AI 시스템은 훨씬 더 유연하고 정교한 작업 방식을 보여 준다. 같은 요청을 받았을 때, 에이전트는 먼저 개요를 작성하고 필요한 경우 이 주제와 관련해 웹 리서치가 필요한지 사용자에게 확인한다. 이후 초안을 작성하면서 수정과 개선 작업을 반복해 결과물을 도출한다. 이렇게 외부 자료를 활용하고 개선을 거듭하는 에이전틱 워크플로 방식은 문제 해결과 결과물의 품질 면에서 기존 방식에 비해 명확한 우위를 보여 준다.

응 교수는 이것을 에이전틱 워크플로의 네 가지 디자인 패턴으로 설명했는데, 이는 에이전트의 구성 요소와 연관된다. '반성(Reflection)'은 AI 에이전트가 자신의 출력을 평가하고 개선하는 과정이다. 단순히 작업을 수행하는 것을 넘어 결과물을 스스로 검토하고 품질을 높인다. LLM의 학습 능력과 메모리를 통해 반성 과정을 수행할 수 있다. '도구 사용(Tool Use)', '계획(Planning)'은 AI 에이전트의 구성 요소에도 포함돼 있으며, AI 에이전트가 작업을 세분화하고, 외부 도구를 사용해 더 넓은 범위의 작업을 수행하는 것의 중요성을 알 수 있다. 마지막으로 '다중 에이전트 협업(Multi agent collaboration)'은 여러 에이전트가 서로 다른 하위 작업을 담당하며 협업을 통해 복잡한 목표를 달성하는 방식으로, 특히 대규모 프로젝트나 다양한 도메인이 요구되는 작업에서 성능을 발휘한다.

AI 에이전틱 워크플로가 갖는 가장 큰 함의는 AI 에이전트의 시대가 도래함에 따라 문제 해결과 시스템 설계에 대한 접근 방식이 근본적으로 변화해야 한다는 점이다. 앞으로 수많은 기업들이 AI 에이전트를 구축하려 할 것이며, 이를 자체 서비스로 만들거나 오픈AI와 같은 대형 플랫폼의 일부로 통합하고자 할 것이다. 이러한 변화 속에서 AI 에이전트를 설계할 때, 에이전틱 워크플로를 적용하는 것은 단순한 자동화 도구가 아니라 능동적이고 지능적인 작업 수행자를 만드는 데 도움이 될 것이다.

빠르고 느리게 생각할 줄 알고, 장기 기억을 활용할 줄 알며, 계획을 세우거나 여럿이 협업할 수 있는 AI 에이전트의 방식이 인간의 생각하는 방식과 노동을 어떻게 변모시킬까. 기능적인 동반자에서 인지적인 보조자, 창의적인 협력자에 이르기까지 드넓은 스펙트럼이 펼쳐져 있다.

참고문헌

Heikkilä, M.(2024). How ChatGPT search paves the way for AI agents. MIT Technology Review. https://www.technologyreview.com/2024/11/05/1106603/how-chatgpt-search-paves-the-way-for-ai-agents/

Kahneman, D.(2017). *Thinking, fast and slow*. Farrar, Straus and Giroux.

Nakajima, Y.(2023). BabyAGI. Retrieved April, 25, 2023.

Wei, J., et al.(2022). Chain-of-thought prompting elicits reasoning in large language models. *Advances in neural information processing systems*, 35, 24824-24837.

Yao, S., et al.(2022). React: Synergizing reasoning and acting in language models. arXiv preprint arXiv:2210.03629.

Zhao, P., et al.(2023). An in-depth survey of large language model-based artificial intelligence agents. arXiv preprint arXiv:2309.14365.

https://github.com/Significant-Gravitas/AutoGPT

https://github.com/yoheinakajima/babyagi

https://openai.com/devday/

https://openai.com/o1/

03
AI 에이전트 설계하기

AI 에이전트 설계 과정과 경험에서 얻은 교훈을 다룬다. LLM의 등장으로 설계 진입 장벽이 낮아졌지만, 성공적인 에이전트를 구축하려면 명확한 목표 설정, 역할과 기능 정의, LLM 모델 선택, 사용자 경험 설계가 필수적이다. 설계 과정에서 자원과 비용 관리, 프롬프트 최적화, 레이턴시 관리, 멀티 에이전트 협업의 제약 조건 관리를 고려해야 한다.

AI와 난임 극복?

AI 에이전트 설계하기

이제 비개발자라도 아이디어와 실행력만 있으면 얼마든지 AI 에이전트를 설계하고 구축할 수 있는 시대가 되었다. LLM의 도움으로 진입 장벽이 크게 낮아졌기 때문이다. 2024년 하반기 즈음부터는 하루가 멀다 하고 AI 에이전트의 설계를 돕는 도구와 플랫폼이 출시되고 있으며, LLM의 도움을 바탕으로 코딩 경험이 전혀 없는 사람도 간단한 AI 에이전트를 설계하고 제작할 수 있다.

AI 에이전트를 설계하기 전 가장 먼저 해야 할 일은 명확한 목표를 설정하는 것이다. 목표는 AI에이전트가 제공할 수 있는 계획과 자동적인 의사 결정, 병렬적인 업무 처리 등에 기반해서 설정한다. 그리고 반복적인 데이터 입력 작업을 80% 이상 자동화하는 것이나 고객 문의 응답 시간을 평균 10분에서 1분으로 단축하는 것처럼, 구체적이고 달성 가능한 방향으로 정의해야 한다. 목표 설정은 시작점일 뿐만 아니라 이후 설계와 구현 단계에서 사용될 데이터와 AI모델의 선택을 포함한 모든 결정에 영향을 미친다. 따라서 명확히 문서화하고 공유하는 것이 좋다.

다음 단계는 에이전트가 어떤 역할과 기능들을 가져야 하는지 구체화하는 것이다. 에이전트의 역할과 기능은 목표를 달성하기 위해 필요한 역량을 기반으로 정의해야 한다. 예를 들어 고객 지원 자동화라는 목표를 설정했다면, 에이전트의 역할은 고객의 질문을 접수하고, 문제를 해결하고, 피드백을 관리하는 것으로 구분할 수 있다. 역할별로 수행할 기능도 구체적으로 정의해야 한다. 이 예시에서는 고객의 질문을 접수하고 의도를 분석하며 키워드를 추출해 분류하는 기능, 사전에 학습된 지식이나 외부 데이터를 검색해 적합한 답변을 생성하는 기능, 사용자의 피드백 데이터를 분석하고 모델 개선에 반영하는 기능 등이 포함될 수 있다.

AI 에이전트 설계에서 LLM 모델 선택은 매우 중요한 단계다. 어떤 LLM 모델을 선택하느냐는 개발의 복잡성, 자원 활용, 비용 관리와 직결되기 때문이다. LLM 모델에는 크게 클로즈드 소스(Closed Source) 모델과 오픈 소스(Open Source) 모델이 있다. 클로즈드 소스 모델은 소스코드(Source Code)가 공개되지 않은 상용 모델로, API를 통해 이용해야 한다. 챗GPT나 클로드가 대표적인 예로, 높은 성능을 자랑하지만 API 호출 비용이 발생하며 모델을 직접 수정할 수 없다. 따라서 성능이 중요하거나 비용 부담이 문제가 되지 않는 작업을 할 때 사용하는 것이 좋다. 한편 오픈소스 모델은 라마(LLaMA)나 미스트랄(Mistral) 같은 모델인데, 소스코드가 공개되어 있어서 자유롭게 수정할 수 있다. 이들은 직접 로컬 환경에서 실행할 수 있고 비용 부담이 적지만, 클로즈드 모델에 비해 성능이 낮을 수 있으며 실행에 상당한 GPU 메모리와 컴퓨팅 자원이 필요하다. 따라서 LLM 모델을 선택할 때는 성능, 비용, 유연성을 종합적으로 고려해야 한다.

LLM 모델을 결정한 후에는 사용자와의 상호작용 방식을 결정해야 한다. 결국 사용자들은 인터페이스를 통해 AI 에이전트와 상호작용하기 때문에 어떤 사용자 인터페이스(UI)와 사용자 경험(UX)을 설계할지가 매우 중요하다. 에이전트의 사용자 경험을 정의하는 핵심 요소로 대화의 흐름과 인터페이스 디자인이 있다.

대화의 흐름 설계에서는 에이전트가 사용자와 주고받는 대화에서 이전 질문이나 정보를 기억할지, 아니면 독립된 응답을 제공할지 결정해야 한다. 이것은 에이전트의 응답 일관성과 맥락 이해에 큰 영향을 미친다. 인터페이스 디자인은 웹이나 모바일 환경에서 직관적이고 접근하기 쉬운 UI/UX를 설계하는 것으로, 이를 통해 사용자 경험을 극대화할 수 있다. 그 밖에도 개인화된 서비스와 빠른 응답 속도를 통해 더 나은 경험을 제공할 수 있다.

AI 에이전트 설계 경험으로부터 얻은 교훈

AI 에이전트의 설계 사례를 통해 실무에서 고려해야 할 요소들을 파악할 수 있다. 필자는 여러 AI 에이전트가 협업해 결과물을 생산하는 웹 애플리케이션 설계 프로젝트에 참여한 경험이 있다. 이 프로젝트는 기존 AI 에이전트 개발 프레임워크가 비개발자들에게 접근성이 낮다는 문제를 해결한다는 아이디어로 시작되었다. 목표는 비개발자도 쉽게 활용할 수 있는 직관적인 AI 에이전트 협업 웹 애플리케이션을 개발하는 것이었다.

이 애플리케이션은 다음과 같은 주요 기능으로 구성되었다. 사용자가 작업 목표를 명시적으로 작성할 수 있는 목표 입력 기능, 필요한 에이전트를 선택하고 세부 설정을 할 수 있는 에이전트 선택 기능, 각 에이전트가 사용할 도구와 태스크를 지정하는 도구 및 태스크 설정 기능, 설정된 에이전트들이 협력해 작업을 수행하는 협업 수행 기능, 협업이 완료된 후 작업 결과물을 확인하는 결과물 확인 기능이다.

LLM 모델 선택 단계에서는 처음에는 오픈 소스인 라마 모델을 고려했으나, 로컬 컴퓨팅 자원이 부족하고 설정 시간이 제한되어 오픈AI 모델을 사용하는 것으로 결정했다. 오픈AI 모델은 비용이 발생했지만, 빠르고 안정적인 성능을 제공해 프로젝트 요구 사항에 부합했다.

사용자와의 상호작용은 웹 애플리케이션으로 설계되었으며, 간단한 프론트엔드 UI는 피그마(Figma)로 디자인했다. 애플리케이션은 사용자가 팀 이름을 입력하고, 목표를 설정한 후 에이전트를 선택해 협업을 시작하며, 작업이 완료되면 결과물을 확인할 수 있는 직관적인 흐름으로 설계되었다.

이 애플리케이션 설계를 진행하면서 깨달은 점은 다음과 같다. 첫째, 자원과 비용 관리가 가장 중요하다는 점이다. 설계와 개발 과정에서 가장 큰 도전은 자원과 비용의 효율적 관리였다. 특히 LLM API 호출 비용, 테스트 과정에서의 반복적인 비용, 오픈 소스 모델의 컴퓨팅 자원 요구 등을 고려해야 했다. 외부 API를 사용할 때 발생하는 비용 역시 부담 요인이었다. 따라서 자원과 비용 관리를 기반으로 도구와 서비스를 신중히 선택하는 것이 필수적이었다.

둘째, 프롬프트 최적화의 중요성이다. LLM 기반 AI 에이전트의 성능은 프롬프트 작성 방식에 크게 좌우되었다. 잘못된 프롬프트는 불필요한 비용과 시간이 소요되는 반면, 명확하고 구체적인 프롬프트는 더 높은 품질의 결과물을 제공했다. 예를 들어 단순히 "문장을 요약해 주세요"라고 요청하는 대신, "이 문서를 세 문장으로 요약해 주세요"와 같이 요청을 구체화하거나, 올바른 응답 형식을 제시하는 방식으로 실험을 반복하며 최적의 프롬프트를 도출해야 했다. 이러한 과정은 작업의 성공 여부를 결정짓는 핵심 요소였다.

셋째, 사용자와 상호작용에서는 레이턴시(Latency, 대기 시간) 관리를 잘 해야 한다. 레이턴시는 사용자 경험을 좌우하는 중요한 요소였다. 우리나라처럼 빠른 인터넷 환경에 익숙한 사용자들은 즉각적인 응답을 기대하기 때문에, 응답 시간이 길어지면 사용자 불만족으로 이어질 가능성이 높았다. 이를 해결하기 위해 우선 화면에 프로그레스 바(progress bar)를 추가해 진행 상황을 표시했다. 이 밖에도 근본적으로 문제를 해결하기 위해 캐싱(Caching)을 활용해 자주 요청되는 응답을 미리 저장하거나, 고성능 로컬 환경에 모델을 배포해 레이턴시를 최소화하는 방식을 고려해야 했다.

넷째, 멀티 에이전트 협업 시스템에서의 제약 조건 관리와 유효성 검증의 중요성이다. 멀티 에이전트가 협업하는 시스템은 단일 에이전트 설계와는 달리 역할, 태스크, 도구, 사용된 LLM 모델 간의 상호 호환성을 보장해야 하는 복잡성이 있었다. 초기 설계에서 사용자가 자유롭게 설정할 수 있도록 허용한 결과, 호환되지 않는 조합이 생성되어 시스템 오류로 이어질 가능성이 높다는 문제점을 발견했다. 예를 들어 사용자가 "고객 지원" 역할을 선택했을 때 "이미지 생성"과 같이 관련이 없는 태스크가 선택되지 않도록 비활성화하거나, 해당 역할과 태스크에 적합한 도구만 자동으로 필터링해 보여 주는 방식으로 올바른 설정을 유도해야 한다. 이러한 제약 조건 관리는 시스템 안정성을 확보할 뿐만 아니라 사용자 경험을 직관적이고 효율적으로 만드는 데 필수적이다.

AI에이전트를 설계하는 경험으로부터 실질적으로 AI 에이전트를 어떤 업무의 맥락 속에 적용할 것인가에 대한 고민을 할 수 있었다. 또한 현재 출시된 기술과 개발팀의 역량 범위 안에서 구현 가능한 것이 어느 정도인지 감을 잡을 수 있었던 것 또한 큰 소득이었다. AI 에이전트를 설계하기 위해 계획을 세우고, UI를 기획하고, 개발 프로젝트를 구체화하는 일련의 과정에 대해 경험이 없다고 해도, LLM의 도움을 받아서 얼마든지 도전할 수 있다. 종합적인 이해를 바탕으로 한 기획과 아이디어의 영역이 더욱 중요해지고 있는 이유다.

참고문헌

https://www.llama.com/
https://mistral.ai/

04

AI 에이전트 개발 도구

AI 에이전트 개발의 진입 장벽이 낮아지고, 노코드와 GUI 기반 도구들이 이를 더욱 용이하게 만들고 있다. 크루AI(CrewAI), 오토젠(Autogen), 랭그래프(LangGraph)와 같은 대표적인 개발 프레임워크들이 어떻게 고유한 방식으로 AI 에이전트 설계를 지원하는지 설명한다. 향후 개발 도구들은 사용자 친화적이고 접근성을 높이면서 멀티 에이전트 협업 설계를 효과적으로 지원하며 외부 API와 유연하게 통합할 수 있는지가 경생력을 좌우할 것이다.

AI와 사주?

AI 에이전트 개발하기

2024년부터 AI 에이전트를 개발할 수 있는 다양한 개발 프레임워크들이 우후죽순으로 등장하고 있다. 이 프레임워크들은 고도화된 LLM을 기반으로 외부 시스템과의 연동을 지원하며, 역할 기반이나 그래프 기반 등 다양한 구조를 통해 사용자에게 맞춤화되고 효율적인 작업 결과물을 생성할 수 있다. 이제 누구나 적절한 프레임워크와 도구를 활용해 자신만의 AI 에이전트를 손쉽게 개발할 수 있다.

필자는 AI 에이전트를 개발하기 전에 전체적인 그림을 구체화하기 위해 랭플로(Langflow)와 플로와이즈(Flowise) 같은 GUI 기반 도구들을 활용한다. 이 프레임워크들은 설계 초기 단계에 특히 유용한 도구로,.화면상의 캔버스 위에 AI 에이전트를 박스 형태로 드래그 앤 드롭하여 배치하고, 선으로 관계를 연결하는 방식으로 구조를 한눈에 시각화할 수 있다. 이러한 시각적 접근은 복잡한 구조를 직관적으로 이해하고 설계도를 시각화하는 데 탁월하다.

특히 각 에이전트의 LLM 모델, 도구, 프롬프트, API 등 세부 설정을 박스 안에서 바로 정의할 수 있는 기능이 편리하다. 이를 통해 초보 사용자도 손쉽게 에이전트를 설정할 때 필요한 요소를 파악할 수 있고, 설계 과정에서 실험적인 접근을 할 수 있다. 그러나 GUI 기반 도구는 설계된 시스템을 실제로 실행하거나 복잡한 협업을 처리하기에는 한계가 있다. 따라서 실질적인 AI 에이전트 개발은 GUI 기반 도구에서 구상한 설계도를 바탕으로 보다 고급화된 개발 프레임워크를 활용해 이루어진다.

AI 에이전트 개발 프레임워크와 도구

먼저 간단하고 신속하게 AI 에이전트를 개발할 수 있는 오픈 소스 프레임워크로 크루AI(CrewAI)가 있다. 크루AI는 멀티에이전트 시스템을 만드는 데 특화된 오픈 소스 프레임워크로, 역할 기반(role-based)으로 크루(Crew)라고 불리는 AI 에이전트를 설정할 수 있다. 각 크루들은 주어진 역할 내에서 목표와 배경 스토리들을 상세하게 부여받는다. 또한 크루들이 각각 수행해야 하는 작업과 도구도 사용자에 의해 설정된다. 도구는 크루AI에서 사전에 정의해 놓은 기본 도구(웹사이트 검색 도구, Dall-E API 등)도 있고, 사용자가 직접 정의하는 외부 도구도 있다. 사전 정의된 도구가 많지 않기 때문에 일반적으로 외부 도구들을 추가한다. 그리고 도구들을 통해 수행할 작업들(task)도 정의된다. 작업들은 어떻게 실행되어야 하는지와 결과물의 파일 형태가 미리 설정되어야 한다.

크루들의 협업 형태는 위계적(hierarchical) 또는 순차적(sequnetial) 형태로 설정할 수 있다. 위계적 방식에서는 하나의 관리자 에이전트가 중심 역할을 수행하며, 이 에이전트가 목표 달성을 위해 작업을 나머지 서브 에이전트들에게 효율적으로 분배한다. 회사에서 팀으로 일할 때 팀장이 팀원들에게 업무를 분배하는 것과 흡사하다. 반면 순차적 방식은 작업 흐름이 단계적으로 진행되며, 각 작업이 완료된 후 다음 단계로 넘어가는 구조를 가진다. 팀 내에서 특정 팀원이 하나의 업무를 완료하면 다른 팀원이 그 업무를 이어받아 다음 업무를 수행하는 것을 생각하면 쉽다. 두 가지 중 프로젝트의 성격에 따라 적합한 협업 형태를 선택하면 된다.

그러나 크루AI는 프레임워크의 사전 정의된 요소들이 많아, 사용자의 설계 자유도가 다소 제한될 수 있다는 한계가 있다. 사전 정의된 요소가 많다는 것은 안전성과 편의성을 제공한다는 장점이 있지만, 창의적인 설계나 복잡한 커스터마이징을 목표로 한다면 제약이 될 수 있다. 간단한 멀티 에이전트 시스템을 신속하게 개발하려는 경우에는 적합하지만, 완전한 설계 자유도를 요하는 시스템에는 적합하지 않을 수 있다.

마이크로소프트에서 개발한 오픈 소스 프레임워크 오토젠(Autogen)은 멀티 에이전트의 대화 시스템을 구축하는 데 특화된 도구다. 이 프레임워크는 다양한 대화 패턴을 미리 설정하는 기능을 제공하며, 주요 대화 패턴으로 순차적 대화 방식, 그룹챗 대화 방식, 중첩된 대화 방식이 있다. 순차적 대화 방식에서는 이전 대화 내용을 기반으로 자연스럽게 대화를 이어 가고, 그룹챗에서는 특정 에이전트가 대화를 시작하고 다음 응답자를 선택해 대화를 진행한다. 중첩된 대화 방식은 여러 대화 방식을 조합해 조건에 따라 유연하게 대화를 전개한다.

마이크로소프트는 2024년 11월 오토젠의 확장 프로그램인 마젠틱 원(Magentic One)을 출시하며 오토젠의 기능을 더욱 강화했다. 이 시스템은 오케스트레이터(Orchestrator)라는 하나의 총괄 AI 에이전트가 여러 보조 에이전트를 지휘해 복잡하고 여러 단계로 구성된 작업을 자율적으로 해결할 수 있도록 설계되었다. 크루AI의 위계적 협업 형태와 유사한 형태인데, 마이크로소프트가 AI 에이전트 개발의 초점을 멀티 에이전트 협업과 역할 분담으로 전환했다는 점이 흥미로운 부분이다.

설계 자유도가 높은 개발 프레임워크로는 최근 랭그래프(LangGraph)가 많은 주목을 받고 있다. 랭그래프는

LLM 기반 애플리케이션 개발을 위한 강력한 도구로, 기존 랭체인(LangChain) 위에 구축되어 멀티 에이전트 시스템을 포함한 다양한 에이전트 시스템을 그래프 구조를 활용해 설계할 수 있게 해 준다. 특징적인 점은 그래프 구조와 상태 조정을 도입했다는 점이다.

랭그래프에서 주요 요소는 노드(Node), 엣지(Edge), 그리고 에이전트(Agent)로 정의된다. 노드는 작업의 시작점이나 종료점을 나타내고, 엣지는 노드 간의 연결 관계를 의미한다. 에이전트는 각 노드 사이에서 액션을 수행하거나 판단을 내리는 역할을 담당한다. 특히 상태 그래프(State Graph)라는 개념이 핵심인데, 애플리케이션의 컨텍스트와 메모리를 계산 과정에서 지속적으로 유지하고 업데이트한다. 이로 인해 애플리케이션의 각 단계가 이전 단계의 정보를 활용해 누적 데이터를 기반으로 의사 결정을 내릴 수 있어, 전반적인 프로세스를 세밀하게 제어할 수 있다.

이러한 구조 덕분에 랭그래프는 애플리케이션의 흐름과 상태를 정밀하게 관리할 수 있는 도구로 자리잡았다. 또한 사전에 정의된 제약 사항이 적어 개발자가 높은 자유도와 유연성으로 시스템을 설계할 수 있다는 점이 큰 강점이다. 다만 이 프레임워크는 그래프 이론에 대한 이

해가 요구되기 때문에 진입 장벽이 다소 높을 수 있다.

버튼 클릭을 기반으로 좀 더 쉽게 접근할 수 있는 AI 에이전트 빌더도 있다. 구글 클라우드의 버텍스(Vertex) AI 에이전트 빌더는 노 코드 방식과 코드 기반 접근 방식을 모두 지원하며, 초보자부터 전문가까지 다양한 사용자층을 대상으로 강력한 에이전트 설계 환경을 제공한다. 특히 노 코드 에이전트 빌더는 자연어를 활용해 에이전트를 설계하고 배포할 수 있는 직관적인 콘솔을 제공한다. 또한 확장 프로그램과 함수 호출 기능을 통해 에이전트가 외부 시스템과 연동해 특정 작업을 수행할 수 있도록 지원한다. 이를 통해 개발 경험이 없는 사용자도 외부 API 호출이나 데이터베이스 연동을 통해 다양한 작업 흐름을 자동화할 수 있다.

2024년 10월, 오픈AI는 스웜(Swarm)이라는 멀티 에이전트 오케스트레이션 프레임워크를 공개하며 이 경쟁적인 분야에 뛰어들었다. 스웜은 교육용 경량 프레임워크로 설계되었으며, 크루AI의 가벼운 버전처럼 보이기도 하지만, 독창적 기능인 핸드오프(handoff)를 통해 에이전트 간의 제어권 이전을 지원한다. 이 기능은 작업 도중 에이전트가 더 적합한 에이전트에게 작업을 넘길 수 있도록 해 협업의 유연성을 극대화한다.

이 분야는 급속도로 발전하고 있는 매우 역동적인 분야로, 매일같이 새로운 프레임워크와 도구들이 출시되고 있다. 새로운 기술과 도구를 적극적으로 탐구하고 도입해 테스트하는 것이 필수적이다. 특히 각 프레임워크가 제공하는 기능들을 비교하며 프로젝트에 가장 적합한 도구를 선택하는 능력이 점점 더 중요해지고 있다.

개발 도구들은 점점 사용자 친화적이고 접근성을 높이는 방향으로 진화하고 있다. 앞으로 초보자도 손쉽게 에이전트를 설계하고 실행할 수 있는 노 코드 및 GUI 기반 도구의 개발이 가속화될 것이며, 이는 AI 에이전트 설계의 진입 장벽을 한층 낮출 것이다. 간단한 AI 에이전트는 n8n과 같은 워크플로 자동화 도구로도 개발할 수 있다.

또한 멀티 에이전트의 협업을 효과적으로 설계하고 구현하는 능력은 앞으로 AI 에이전트 설계의 핵심 과제가 될 것이다. 여기서는 외부 API와의 통합 및 활용 능력이 중요한 요소로 부상할 것이며, 얼마나 효율적으로 외부 자원을 끌어와 에이전트의 성능과 유연성을 높일 수 있는지가 경쟁력을 좌우할 것이다. 변화하는 기술 트렌드를 지속적으로 따라가는 동시에 창의적인 시각으로 도구를 활용하는 능력이 요구되는 시점이다.

참고문헌

https://flowiseai.com/
https://github.com/openai/swarm
https://github.com/Significant-Gravitas/AutoGPT
https://microsoft.github.io/autogen/0.2/
https://www.crewai.com/
https://www.langchain.com/langgraph
https://www.langflow.org/

05
멀티 에이전트 시스템

멀티 에이전트 시스템은 여러 AI 에이전트가 협력해 작업을 수행하는 방식으로, 단일 에이전트보다 효율성과 유연성을 극대화하는 협업 구조를 제공한다. 실제 업무 도입 사례는 인간과 협업 모델의 최적점을 찾아야 한다는 교훈을 준다. 챗데브(ChatDev)와 스몰빌(SmallVille) 연구는 각각 가상 소프트웨어 개발과 인간 행동 시뮬레이션을 통해 멀티 에이전트 시스템의 가능성을 입증했다.

AI와 아이돌?

멀티 에이전트 시스템이란

AI 에이전트의 발전 방향에서 가장 흥미로우면서 아직 잠재력이 많은 분야는 멀티 에이전트 시스템이다. AI 에이전틱 워크플로에서 주요 디자인 패턴 중 하나로도 언급되었고, 롤플레잉이나 시뮬레이션 등 여러 재미있는 연구들도 진행되고 있다.

멀티 에이전트 시스템은 여러 AI 에이전트가 협력해 사용자의 작업을 수행하는 시스템을 의미한다. AI 에이전트 간의 협업과 각 에이전트의 전문 능력을 활용해 단일 에이전트의 역량을 강화한다(Han et al., 2023). 각 에이전트는 고유한 역량과 역할을 기반으로 공통의 목표를 달성하기 위해 협업한다. 이는 단일 에이전트가 모든 작업을 처리하는 방식과는 확연히 다른, 팀워크 기반의 접근이다.

그렇다면 여러 에이전트가 작업을 수행하는 것이 단일 에이전트가 작업을 수행하는 것에 비해 더 나은 이유는 무엇인가? 첫째, 각 에이전트를 특정 역할이나 작업에 맞게 전문화할 수 있다는 점이다. '작가 에이전트'는 콘텐츠 제작에 특화되고, '리서처 에이전트'는 정보 검색과 분석에 초점을 맞출 수 있다. 이렇게 역할별로 전문성을 부여하면, 에이전트는 각자의 강점을 극대화하며 특정 분야에서 최적의 성능을 발휘할 수 있다.

둘째, 각 에이전트를 서로 다른 LLM을 기반으로 동작하도록 할 수 있다는 점이다. 작가 에이전트는 앤트로픽 API를 활용하고, 리서처 에이전트는 라마 모델을 기반으로 작동하도록 구성할 수 있다. 이러한 설정은 각각의 전문 분야를 가진 팀원들이 각자의 강점을 살리는 것처럼, 에이전트에게 가장 적합한 두뇌를 활용해 협업의 효율성을 극대화할 수 있다.

셋째, 멀티 에이전트 간의 협력은 단순한 작업 분담을 넘어 상호작용과 경쟁을 가능하게 한다. 에이전트들은 서로 작업을 분배하거나 일부 작업을 위임하고 전달하면서 더 나은 결과물을 생산해 낼 수 있다. 이는 단일 에이전트가 모든 작업을 처리하는 방식보다 훨씬 유연하고 효과적인 결과를 도출할 수 있다.

멀티 에이전트들은 다양한 구조로 협업할 수 있다. 우리가 회사에서 팀 단위로 어떻게 협업하는지에 빗대어 상상해 보면 다양한 협업 구조를 설정할 수 있을 것이다. 먼저, 여러 에이전트들은 순차적(sequential)으로 이어서 작업을 수행할 수 있다. 에이전트 A가 작업물을 에이전트 B에게 전달하고, 에이전트 B가 작업물을 에이전트 C에게 전달하는 식이다. 순차적인 협업 구조에서 에이전트들은 동일한 계층적 수준을 갖고 있기 때문에 집단적 의사 결정과 공동 책임에 중점이 맞추어져 있다(Li et al., 2019)

또 하나의 협업 구조는 위계적(hierarchical)인 협업이다. 이 구조에서는 하나의 에이전트가 매니저 또는 리더 역할을 수행하고, 팀에 속한 다른 에이전트들에게 알아서 작업을 분배한다. 그리고 매니저 에이전트는 나머지 에이전트들이 작업을 수행한 결과물을 리뷰하고 조정한다. 이 구조는 리더의 지시에 따라 조율이 필수적인 작업에서 널리 사용된다.

두 가지 구조가 중첩되는 구조도 가능하다. 시스템의 큰 그림은 순차적 또는 위계적 구조일 수 있지만, 일부 에이전트가 복잡한 작업을 처리해야 하는 경우 해당 부분을 다른 구조로 구성할 수 있다. 예를 들어, 크게는 매니저 에이전트가 에이전트 A와 에이전트 B에게 작업을 병렬로 분배하는 구조인데, 하위 단계에서 에이전트 A는 에이전트 C에게, 에이전트 C는 에이전트 D에게 각각 순차적으로 작업을 위임할 수 있다.

멀티 에이전트 협업 시스템 도입 사례

필자는 회사에서 어린이들의 흥미를 끌 수 있는 오디오

동화 제작을 자동화하기 위해 멀티 에이전트 협업 시스템을 직접 설계하고 구축한 경험이 있다. 이 시스템은 각 에이전트의 전문성을 활용해 콘텐츠 생성 작업을 자동화하고 효율성을 극대화하는 데 중점을 두었다. 이는 기존 콘텐츠 생성 작업의 소요 시간과 비용을 줄이는 것을 실험해 보기 위한 의도였다.

콘텐츠 생성을 위한 멀티 에이전트 협업 팀은 다음과 같은 역할로 구성되었다. 스크립트 에이전트, 썸네일 에이전트, 사운드 에이전트, 메타 데이터 에이전트. 에이전트들은 순차적인 협업 구조로 설계되었으며, 각 에이전트는 고유의 역할과 배경 스토리를 프롬프트로 명확히 정의받았다. 예를 들어 스크립트 에이전트는 "너는 어린이들이 좋아하는 흥미롭고 교훈적인 스토리를 쓸 수 있는 동화작가야. 3000자 분량으로 동화 스크립트를 작성해 줘"라고 프롬프트로 작업을 부여받았다.

에이전트들이 사용할 도구로는 스크립트 생성을 위한 챗GPT API와, 이미지 생성을 위한 달리(Dall-E) API, TTS API와 오디오믹싱 알고리즘이 사전 정의되었다. 수행할 작업으로는 오디오 동화 스크립트 생성, 스크립트에 기반한 썸네일 생성, 스크립트에 기반하고 TTS와 배경음악을 활용한 오디오 생성, 내용을 요약하고 사용한

TTS를 요약하는 메타데이터 생성 작업과 파일 포맷이 정의되었다.

이를 기반으로 멀티 에이전트들이 작업을 시작하도록 실행하면, 먼저 스크립트 에이전트가 동화책의 내용을 작성한다. 이어서 썸네일 에이전트는 내용에 어울리는 이미지를 작업한다. 사운드 에이전트는 우선 내용을 TTS를 통해 오디오로 변환하고, 오디오의 앞과 뒤에 배경음악을 페이드 인, 페이드 아웃을 통해 자연스럽게 삽입한다. 마지막으로 메타데이터 에이전트는 작업에서 사용된 스크립트를 요약하고, 사용된 TTS 보이스 및 배경음악 정보를 기록한 엑셀 파일을 생성한다. 최종적으로 생성된 파일들은 순차적으로 사내 협업 툴에 업로드된다.

이 시스템의 가장 큰 장점은 자동화로 인한 협업 효율성이다. 각 에이전트는 독립적으로 역할을 수행하면서도 서로 작업 결과를 공유하며 유기적으로 협력한다. 이를 통해 동화책의 작성부터 완성까지의 전 과정을 빠르고 체계적으로 처리할 수 있다. 기존 방식에 비해 콘텐츠 제작 시간과 비용이 90% 이상 절감되었고, 하루에 100개 이상 콘텐츠를 생산할 수 있었다. 또한 유연성과 확장성의 장점도 있는데, 이를테면 소설이나 뉴스 등 다른 콘텐츠 장르를 생성할 때는 프롬프트를 수정하기만 하면 손쉽게 새로운 결과물을 얻을 수 있었고, 추가적으로 검수 기능 등 새로운 작업이 필요할 경우 새로운 에이전트를 시스템에 추가함으로써 확장이 가능했다.

그러나 이러한 멀티 에이전트 협업 시스템에도 몇 가지 한계가 있었다. 첫째, 윤리적 문제와 작업의 오류가 시스템의 효율성을 저해했다. 예를 들어 스크립트 에이전트나 썸네일 에이전트가 부적절한 콘텐츠를 생성하는 경우 이후 작업이 중단될 수 있었다. 또한 사운드 에이전트가 잘못된 띄어 읽기를 포함한 오디오를 생성하거나 배경음악과 조화가 맞지 않는 경우, 텍스트를 생성하는 처음으로 돌아가 작업을 재시작해야 했다. 이러한 오류는 작업의 비효율성과 더불어 결과물의 신뢰도를 낮추는 요인이 되었다.

둘째, 완성도와 퀄리티 측면에서 여전히 인간 제작물에 미치지 못한다는 점이다. 멀티 에이전트 시스템은 반복적인 작업을 자동화하는 데 유용했지만, 실제 비즈니스에 즉시 적용하거나 상업적인 결과물을 생산하기 위해서는 여전히 인간의 검수 및 개입이 요구되었다. AI 에이전트를 통해 생산해서 효율성을 높인 결과물이라도 여전히 결과물의 완성도는 인간이 생산한 콘텐츠와 동일한 기준으로 평가받는다. 따라서 이러한 기준을 충족하기 위해서는 AI가 생성한 콘텐츠에 대해 세밀한 조정이나 판단의 개입이 필요했던 것이다.

이에 따라 AI와 인간의 협업 수준을 세 단계로 구분해서 실험을 진행하고 있다. 즉, 멀티 에이전트 팀이 처음부터 끝까지 작업한 것을 낮은 퀄리티 결과물, 멀티 에이전트 팀이 작업하고 인간이 결과물을 검수하거나, 인간의 아이디어나 검수를 일부 포함해 협업을 진행한 것을 중간 퀄리티 결과물, 인간이 처음부터 끝까지 작업한 것을 고퀄리티 결과물로 분류하고 각 결과물들이 상업적으로 어떤 성과를 내는지 분석하는 것이다. 작업의 성격과 요구 수준에 따라 AI와 인간의 협업 수준을 유연하게 조정하고, 협업 비율의 최적점을 찾아가야 할 것이다.

멀티 에이전트 협업의 시뮬레이션

향후 멀티 에이전트 시스템은 실제 인간 팀의 협업을 모방하는 방향으로 발전할 가능성이 높다. 이를 보여 준 대표적인 사례 중 하나는 2023년에 발표된 논문에서 구현한 가상 소프트웨어 개발 회사인 챗데브(ChatDev)다 (Qian et al., 2024). 이 연구에서 저자들은 각각의 AI 에이전트에 최고 경영자(CEO), 전문 프로그래머, 테스트

엔지니어, 아트 디자이너 등 구체적인 역할을 부여했다. 인간 고객이 작업 목표를 제시하면 이 가상 회사의 AI 에이전트들이 설계, 코딩, 테스트, 문서화의 각 단계에서 채팅을 통해 협력하며 의사 결정을 내릴 수 있도록 설계되었다.

저자들은 '오목 게임 개발'이라는 고객 요청을 사례로 제시했는데, 이 지시에 따라 AI 에이전트들이 직접 나누는 대화는 매우 흥미롭다. 최고 경영자 역할의 에이전트는 "사용자의 요구를 만족시키고 앱을 실현 가능하게 하는 프로그래밍 언어를 제안하라"고 지시했고, 그러자 최고 기술 책임자 역할의 에이전트가 "파이게임 라이브러리를 포함한 파이썬이 기본적인 오목 게임을 구현하는데 적합하다"고 의견을 제시해 최종적으로 파이썬으로 개발 언어를 결정하는 논의가 진행되는 것이다.

에이전트들은 각자 자신의 역할에 따라 이처럼 논의를 진행해서 오목 게임 개발을 진행했다. 설계 단계에서 UX/UI 디자이너 에이전트가 구현한 와이어프레임을 기반으로 소프트웨어 개발자 에이전트가 코딩 작업을 하고, QA(품질보증) 에이전트가 UI 요소들이 의도대로 작동하는지 테스트하고, 기술 문서 작성자 에이전트가 구현 내용을 문서화했다. 결과적으로 간단한 바둑판 디자인의 실행 가능한 시스템, 소스 코드, 사용자 매뉴얼이 1달러 미만의 비용으로 단 7분 이내에 생성되었다.

이 논문은 소프트웨어 개발이 인간의 개입 없이도 에이전트 간의 협업만으로 이루어질 수 있다는 놀라운 가능성을 보여 주었다. 향후 이런 시스템이 고도화된다면 AI 에이전트 팀이 서로 협력하고 교차 검증해 프로젝트를 개발하도록 자동화할 수 있을 것이다. 그러면 소규모 팀이나 1인 창업가도 AI 에이전트 팀과 함께 최소한의 비용과 시간으로 많은 프로덕트를 생산할 수 있을 것이다.

챗데브 이후에 LLM 기반 에이전트들이 협업하는 샌드박스 환경을 다룬 또 다른 흥미로운 연구가 등장했다(Park et al., 2023). 이 연구에서는 25명의 AI 에이전트들이 심즈(The Sims) 게임과 유사한 환경에서 하루를 자율적으로 계획하고, 뉴스를 공유하며, 관계를 형성하는 과정을 통해 인간 행동을 시뮬레이션한다. 저자들은 에이전트의 핵심 작동 원리를 관찰(observation), 반성(reflection), 계획(planning)이라는 세 가지 주요 기능으로 설계해, 에이전트들이 주변 환경과 상호작용하며 관찰한 데이터를 기억으로 저장하고, 이를 분석해 추론을 도출하며, 미래의 행동을 계획하도록 했다. 그리고 에이전트들이 살아가는 스몰빌(SmallVille)이라는 가상 환경을 마련해 주었다.

연구의 결과는 매우 놀라웠다. 스몰빌 내의 에이전트는 아침에 일어나 커피를 마시고 직장으로 이동하는 등 일상적인 루틴을 스스로 수행했다. 또 다른 에이전트는 '밸런타인데이 파티를 열고 싶다'라는 의도를 가지고 파티 초대장을 자율적으로 배포했고, 이에 다른 에이전트들이 파티 준비를 위해 음식 준비, 장소 정리와 같은 세부 작업을 자율적으로 수행하기까지 했다. 이러한 과정에서 에이전트들은 서로의 행동과 성격을 학습하며 관계를 형성하기도 했다.

이 연구 결과는 멀티 에이전트 간의 협력이 단순한 작업 분담을 넘어 복잡한 인간 행동과 사회적 관계 형성의 시뮬레이션을 할 수 있다는 것을 보여 준다. 앞으로 이러한 기술이 가상 현실이나 스마트 시티 등 실제 응용 사례로 확장된다면, 에이전트 협업이 만들어 낼 사회적, 경제적 영향은 상상 이상의 파급력을 가질 것이다. 실제로 스몰빌 논문의 저자들의 후속 연구는 인간 행동을 복제하는 인간 행동 시뮬레이션에 대한 연구였다. 1,052명의 실제 개인의 인터뷰를 에이전트에 적용해 에이전트가 개인의 성격과 특성과 결과를 얼마나 잘 복제하는지를 탐색했는데, 놀랍게도 참가자들의 응답을 85% 정확도로 복제하는 것으로 드러났다. 이는 'AI 도플갱어'와 같은 개인의 성격과 특성을 반영한 AI 에이전트가 인간과 유사한 방식으로 의사 결정하고 상호작용하는 미래를 상상하게 한다.

참고문헌

Han, S., et al.(2024). LLM multi-agent systems: Challenges and open problems. arXiv preprint arXiv:2402.03578.

Li, X., et al.(2019). Multi-agent discussion mechanism for natural language generation. In Proceedings of the AAAI Conference on Artificial Intelligence (Vol. 33, No. 01, pp. 6096-6103).

Park, J. S., et al.(2023). Generative agents: Interactive simulacra of human behavior. In Proceedings of the 36th annual acm symposium on user interface software and technology (pp. 1-22).

Qian, C., et al.(2024). Chatdev: Communicative agents for software development. In Proceedings of the 62nd Annual Meeting of the Association for Computational Linguistics (Volume 1: Long Papers) (pp. 15174-15186).

06
자동화 도구와 AI 에이전트의 결합

AI 에이전트는 비즈니스 자동화에서 중요한 역할을 하고 있다. 기존 자동화 도구인 RPA나 워크플로 자동화 도구와 달리 학습과 추론을 통해 복잡한 상황에 적응하고 실시간 결정을 내릴 수 있어 기존 도구를 보완하거나 대체할 잠재력을 가진다. 앞으로 RPA는 APA(Agentic Process Automation)로 진화하고, 이는 기업의 운영 효율성을 개선하는 것을 넘어 고부가가치 작업에 리소스를 재배치하는 방향으로 나아갈 것이다.

AI와 야구?

비즈니스 자동화 도구

사소하고 반복적이며 잡다한 일들을 기계적으로 처리하다 보면 컴퓨터 프로그램에 맡기고 싶어진다. 수강 신청이나 기차표 예매를 매크로 프로그램에 맡기는 것이 대표적인 예시다. 매크로 프로그램에서 한 발 더 나아가 더 복잡하고 고급의 일을 해야 할 경우 자동화 도구를 사용하게 된다. 필자의 경우 인력이 부족한 스타트업 환경에 있기 때문에 적은 인력으로 최대의 생산성과 효율을 달성해야 한다. 그래서 고객 문의에 대한 응대, 접수된 구글 폼의 응답에 대한 자동 이메일 발송, 예약된 스케줄에 대한 자동 캘린더 등록 같은 것들을 규칙 기반 워크플로 자동화 도구들을 통해 세팅해 두고 있다. 잘 세팅된 자동화는 인력 1인의 몫을 거뜬히 해낼 수 있다고 믿는다.

비즈니스 자동화 도구들은 약 10년 전부터 기업들에 도입되어 왔다. 반복적이고 규칙적인 작업을 소프트웨어로 처리해 생산성을 높이기 위해서다. 대표적인 업무 자동화 도구로 로봇 프로세스 자동화(RPA, Robotic Process Automation) 솔루션과 워크플로 자동화 도구가 있다.

주로 대기업들이 사용하는 RPA는 비즈니스 규칙과 사전에 정의된 프로세스를 기반으로 소프트웨어 시스템

간의 프로세스나 작업을 자율적으로 수행하는 소프트웨어 자동화 기술이다(Hofmann et al, 2020). 인간이 수행하던 반복적인 작업을 소프트웨어 로봇이 모방해 자동화하기 때문에 인간 근로자를 지루한 업무에서 해방시킨다. 예를 들어 송장에서 데이터를 추출해 스프레드시트에 데이터를 입력하고 보고서를 생성하거나, 시스템 간 데이터 이동을 자동으로 수행할 수 있다. Ui패스(UiPath)라는 플랫폼이 전 세계적으로 널리 사용되고 있다. 드래그 앤 드롭 방식으로 작업 흐름을 설계할 수 있고, 조정자(orchestrator)를 통해 작업을 스케줄링하고 모니터링할 수 있다. 매크로와 유사하다고 생각할 수 있는데, 다양한 시스템과 연동, 데이터베이스 활용 등이 가능해 더 복잡하고 다양한 업무 프로세스를 자동화할 수 있다.

중소기업이나 개인들이 사용하는 워크플로 자동화 도구는 다양한 애플리케이션과 시스템 간의 작업을 연결해 특정 조건(트리거)에 따라 작업을 자동으로 실행하도록 지원한다. 대표적 도구인 자피어(Zapier)는 수천 개의 앱을 연결해 작업을 자동화할 수 있다. 고객이 구글 폼에 정보를 입력하고 제출하면 자동으로 구글 드라이브의 스프레드시트에 신규 행이 생성되고, 그 정보를 슬

랙 알림으로 받을 수 있도록 설정할 수 있다. 이는 규칙에 따라 작업을 자동화함으로써 사람이 수동으로 해야 할 반복 작업을 크게 줄여 준다. 그 밖에 메이크(Make)와 n8n도 최근 부상하고 있는 워크플로 자동화 도구들이다.

자동화 도구와 AI 에이전트의 차이점

자동화 도구들은 사람이 수동으로 처리하는 작업을 대폭 줄여 준다는 점에서 AI 에이전트와 유사한 측면이 있다. 그렇다면 RPA나 워크플로 자동화와 AI 에이전트의 차이점은 무엇일까? 두저 AI(Doozer AI)의 폴 차디의 언급을 빌려 오자면, "기존 자동화 도구가 정해진 노선을 따라가는 기차와 같다면, AI 에이전트는 스스로 길을 찾아가는 자율주행 자동차에 가깝다"고 할 수 있다. 즉, AI 에이전트는 기존 자동화 도구와 달리 고정된 규칙에 제한되지 않고, 방대한 데이터에서 학습하고 패턴을 인식하며, 실시간 데이터를 바탕으로 스스로 결정을 내릴 수 있다. 또한 기존 자동화 도구가 순차적인 작업 처리에 초점이 맞춰져 있다면, AI 에이전트는 엔드 투 엔드(End-to-End) 프로세스를 동적으로 자동화하며 스스로 작업의 흐름을 결정하고 필요한 조치를 취할 수 있다.

송장의 데이터를 스프레드시트에 입력하는 작업이 있다고 해 보자. RPA로 이 작업을 지시하면 송장의 데이터를 순차적으로 추출해 스프레드시트에 입력하지만, 만약 도중에 예상치 못한 새로운 형식의 송장이 도입되면 시스템이 멈추거나 오류가 발생할 수 있다.

반면 AI 에이전트는 새로운 형식의 송장이 도입되어도 스스로 분석하고 적응해 데이터를 정확히 처리하고, 추가적인 정보가 필요할 때도 상황에 맞게 유연하게 대처할 수 있다. RPA가 단순히 사람의 행동을 모방한다면, AI 에이전트는 사람의 사고 과정을 모방하며 복잡한 상황에서 적응과 추론을 수행할 수 있는 것이다. 이것은 AI 에이전트가 비즈니스 워크플로에서 단순한 자동화를 넘어 협력자 역할을 할 수 있다는 것을 의미한다.

비즈니스 자동화의 미래

2024년 10월, 앤트로픽이 퍼블릭 베타 버전 컴퓨터 유즈(Computer Use) 기능을 공개했다. 이 기능을 직접 사용해 본 후, 앞으로 AI 에이전트가 업무 자동화의 핵심 역할을 맡을 것이라는 확신을 갖게 되었다. 이 기능을 실행해 보면, LLM인 클로드가 마치 사용자의 컴퓨터를 원격으로 조종하는 것처럼 동작한다. 사용자의 화면을 스크린샷으로 확인하고, 마우스 커서를 움직이며 버튼을 클릭하거나 텍스트를 입력하는 등 다양한 작업을 수행할 수 있다. 예를 들어 클로드에게 "A 회사의 벤더 요청 양식을 작성해 줘. 첫 번째 창에 있는 엑셀 시트 또는 검색 포털 탭의 데이터를 사용해. 두 번째 창에서 양식을 작성할 때 항목을 나열하고 확인해 줘"라고 명령했다고 하자. 이 지시를 받으면 클로드는 사용자 컴퓨터 화면의 스크린샷을 단계별로 찍어서 현재 상황을 파악한다. 그리고 윈도 탭을 열어 필요한 정보를 직접 입력해 검색한다. 그리고 필요한 정보를 두 번째 창의 요청 양식에 스스로 하나하나 채워 넣는다.

어떻게 보면 클로드의 동작 방식이 기존 RPA와 매우 흡사하다고도 할 수 있다. 그러나 놀라운 점은, 클로드는 RPA와 달리 여러 가지 설정을 하지 않고 채팅으로 목표를 입력하는 것만으로도 업무를 자동으로 수행한다는 점이다. 2024년 12월 기준으로 현재는 스크롤이나 드래그 같은 복잡한 동작을 수행하지 못하며, 사용자의 명령에 따라 작업을 처리하는 수준에 그치고 있다. 그러나 향후 기능이 고도화된다면 기존 자동화 도구의 일부를 대체하거나 보완할 가능성이 크다. 향후 출시가 예고된 구글의 AI 에이전트 '자비스(Jarvis)'와 오픈AI의 '오퍼레이터(Operator)'도 앤트로픽의 컴퓨터 유즈와 유사하게 웹 브라우저를 통해 다양한 작업을 자동으로 수행하는 형태가 될 가능성이 높다.

앞으로 복잡한 작업이나 비정형 데이터 처리가 필요한 작업에서 AI 에이전트를 통한 업무 자동화가 많이 이루어질 것이다. 현재 수준의 AI 에이전트 기술로 사람의 개입 없는 자동화를 구현하는 것은 쉽지 않지만, 향후에는 RPA가 아닌 APA(Agentic Process Automation)가 도입될 것이다. APA는 자율적인 AI 에이전트가 복잡한 워크플로와 프로세스를 관리하는 고급 자동화 기술로, 다음과 같이 작동할 것이다. 1) 복잡한 프로세스를 단독으로 실행한다. 2) 다른 에이전트 및 시스템 간 협력을 통해 작업을 효율적으로 완료한다. 3) 변화하는 환경, 입력 데이터, 프로세스 요구 사항에 동적으로 적응한다. 4) 과거 행동과 결과 데이터를 학습해 프로세스를 지속적으로 최적화한다.

기존 자동화 도구들도 이러한 변화에 발빠르게 대응하며 생성형 AI를 솔루션에 적극 통합하고 있는 추세다. Ui패스는 플랫폼에 생성 AI 기능을 추가해 콘텐츠 요약, 언어 번역, 내부 데이터 기반 질문 응답 등의 작업을 지원하며, 최근에는 핵심 제품에 클로드 3.5 소네트 모델을 결합해 반복 업무를 더욱 효과적으로 자동화하고 있다. 워크플로 자동화 도구들은 연동 가능한 애플리케이션 중에 LLM을 추가하는 것뿐만 아니라 자연어 입력을 기반으로 워크플로를 생성하는 기능을 추가하고 있는 추세다. 이제 자피어에서 사용자가 자연어로 원하는 목표를 입력하면 생성형 AI를 기반으로 연결해야 하는 애플리케이션이 자동으로 추천된다.

지금까지 기업의 운영에서 가장 많이 비중을 차지하는 것은 인건비였다. 우수한 인재를 채용하고 유지하기 위해 막대한 시간과 자원이 필요했다. 하지만 APA와 같은 고급 자동화 기술이 도입되면 인건비를 포함한 운영 비용이 획기적으로 절감될 것이다. 이는 기업의 전략적 초점에 중대한 변화를 불러올 수 있다. 효율성을 개선하는 것을 넘어서 인간의 창의성과 판단력이 필요한 고부가가치 작업에 리소스를 재배치하며 경쟁 우위를 강화하는 방향으로 나아가는 것이다.

오픈AI의 CEO인 샘 올트먼은 "생성 AI로 1인 창업자도 1조 기업 쉽게 만들 수 있다"라고 말했다. 1인 솔로프리너가 자동화와 AI 에이전트의 통합을 통해 유니콘이 될 수 있는 날도 머지 않아 보인다.

참고문헌

이상덕(2023.9.12). 올트먼 "생성AI로 1인 창업자도 1조 기업 쉽게 만들수 있다". 매일경제, https://www.mk.co.kr/news/it/10827519

Hofmann, P., et al.(2020). Robotic process automation. *Electronic markets, 30*(1), 99-106.

https://www.anthropic.com/news/3-5-models-and-computer-use

https://www.uipath.com

https://zapier.com/

https://make.com/

https://n8n.io/

07
AI 에이전트의 자율성과 인간의 역할

AI 에이전트의 자율성은 단순한 자동화와 달리, 환경과 상황에 따라 스스로 해결책을 모색하고 실행할 수 있는 능력을 의미한다. AI와 인간의 협업은 연결, 적용, 검토, 책임이라는 네 가지 핵심 역할을 중심으로 이루어질 것이다. 협업 모델은 AI 주도, 인간 주도, 공동 작업으로 이루어지며 AI와 인간이 상호 보완적인 관계를 형성할 수 있을 것이다.

AI와 윤동주?

AI 에이전트의 자율성 수준

자율성은 자동화와는 본질적으로 다르다. 자동화는 사전에 정의된 규칙과 명령에 따라 작업을 수행하는 것이지만, 자율성은 시스템이 인간의 개입이나 정의된 규칙 없이 독립적으로 작동하고 의사 결정을 내리며 작업을 수행할 수 있는 능력을 의미한다(Händler, 2023). 예를 들면 자동화 시스템은 정해진 일정에 따라 이메일을 발송하지만, 자율적인 AI는 이메일 내용을 상황에 맞게 작성하거나 우선순위를 재조정할 수 있다.

물론 아직은 완전히 자율적인 AI 에이전트가 상용화되지 않았다. 이를 알아보기 위해 오픈AI에서 자율성의 수준에 따라 구분한 인공지능의 다섯 가지 발전 단계를 참고할 필요가 있다. 1단계는 기본적인 대화 능력을 갖춘 챗봇(Chatbot)으로, 단순히 사용자의 질문에 답변하거나 간단한 정보를 제공할 수 있다. 2단계는 인간 수준의 문제 해결 능력을 보유한 추론자(Reasoners)로, 복잡한 문제를 논리적으로 분석하고 해결할 수 있다. 3단계는 사용자를 대신해 작업을 수행할 수 있는 자율적인 에이전트(Agents)로, 장기적인 과제를 관리하고 실행할 수 있다. 4단계는 새로운 혁신과 창의적인 해결책을 스스로 창출할 수 있는 혁신자(Innovators)이고, 5단계는 대규모 팀이나 조직 수준에서 작업을 계획하고 협력하며 실행할 수 있는 조직(Organizations)이다. 오픈AI는 현재 기술이 1단계에 머물러 있지만 2단계인 추론자 수준에 도달하기 직전이라고 평가했다.

최근 기술의 진화 속도를 보면 2025년까지는 3단계에 진입할 것으로 예상되고, 4, 5단계는 더 장기적인 연구와 개발이 필요할 것으로 보인다. 그러나 기술이 5단계까지 발전하더라도 완전한 개입 없는 자율성을 달성하는 것은 기술적, 윤리적 한계가 존재한다. 현재 3단계 수준의 AI 에이전트도 특정 조건에서만 자율성을 발휘할 수 있으며, 복잡한 작업 환경에서는 여전히 인간의 감독과 보완이 필요하다. 완전한 개입이 없는 자율성이 가능하기 위해서는 AI가 작업 환경을 정확히 분석하고 오류에 적합하게 대응할 수 있는 안정적인 기술이 뒷받침되어야 한다.

그뿐만 아니라 AI 에이전트가 인간의 도움 없이 혁신적인 솔루션을 개발하고, 다수의 AI 에이전트가 협력해 대규모 작업을 자율적으로 수행하려면 기술 발전뿐만 아니라 사회적 합의와 법적 규제, 윤리적 기준이 마련되어야 한다. 가령 AI가 결정권을 가지는 상황에서 인간의 안전과 권리를 보호하는 방안이 확립되지 않는다면, 완전한 자율성은 실현되기 어려울 것이다.

그러나 윤리적 판단이 요구되지 않는 상황과 같은 특정 조건에서는 AI의 자율성이 더욱 향상될 가능성이 높다. 기술은 인간의 노력을 최소화하고 생산성을 극대화할 수 있는 방향으로 발전하기 때문이다. 이에 따라 AI의 자율성이 높아질수록 인간의 역할은 단순히 작업을 수행하는 차원을 넘어 전략적 의사 결정과 AI의 결과를 감독하고 조정하는 고차원적인 역할로 전환되어야 한다.

인간의 역할: 연결, 적용, 검토, 책임

이 책에서는 AI 에이전트의 자율성이 높아진 상황에서 인간의 역할을 연결, 적용, 검토, 책임이라는 네 가지 핵심 영역으로 정의한다. 인간은 AI 에이전트와 달리 오프라인의 물리적인 세계에 속해 있기 때문에, 현실 세계 인식을 기반으로 큰 그림에서 AI 에이전트가 어떻게 연결되고 작동해야 하는지 기획할 수 있다. 또한 AI 에이전트가 생산한 결과물에 대해 피드백을 제공하고 윤리 및 법률과 같은 인간의 규범 체계를 바탕으로 책임 소재를 확립하는 역할을 수행해야 한다.

연결

연결은 AI 에이전트가 자율적으로 작업을 수행하기 위해 물리적 현실 세계에 속한 인간이 에이전트가 현실 세계와 연결되도록 설계하고 기획하는 역할을 해야 한다는 것을 의미한다. 인간은 물리적, 사회적 환경을 이해하는 고유한 능력을 갖고 있기 때문에, AI 에이전트의 이러한 맥락에 연결될 수 있는 지점을 설계해야 한다.

인간은 워크플로 자동화 도구에서 여러 애플리케이션을 연결할 때처럼 AI 에이전트가 다른 디지털 시스템이나 도구와 원활하게 상호작용할 수 있도록 API, 데이터베이스, 클라우드 서비스 등을 연결할 수 있어야 한다. 또한 AI 에이전트와 물리적 환경의 접점을 설계해야 한다. 가령 스마트 공장의 AI 에이전트가 기계 상태 데이터를 받아 분석 결과를 제공해야 하도록 연결하는 것이다. 그러려면 물리적인 환경에 대한 넓은 도메인에 걸친 이해와 칸막이가 쳐진 서로 다른 분야를 연결할 수 있는 융합적 사고가 필요하다.

적용

적용은 AI 에이전트를 다양한 산업과 상황에 적용하고 해당 산업의 요구와 특성에 맞게 최적화하는 역할을 의미한다. AI 에이전트는 교육, 제조, 금융 등 다양한 산업 분야에서 활용될 수 있다. 교육 분야에서는 맞춤형 학습 콘텐츠를 제공하고, 제조업에서는 생산 라인의 효율성을 높이기 위해 로봇과 통합되며, 금융 분야에서는 투자 전략 설계와 거래 자동화에 활용될 수 있다.

그러나 특정 분야에서는 여전히 AI기술의 적용이 초기 단계에 머물러 있다. 농업 분야에서는 스마트 농업 기술이 도입되고 드론이나 IoT 센서를 활용한 데이터 수집이 점차 확산되고 있지만, 이러한 데이터를 실제 농작물 생산성과 연결하는 AI 에이전트의 활용은 아직 제한적이다. 또한 의료 산업에서도 AI는 진단 보조, 약물 개발 등에서 점차 채택되고 있지만, 환자 맞춤형 치료를 위한 AI 에이전트의 활용은 초기 단계에 불과하다. 이는 민감한 데이터를 다루는 데 필요한 높은 정확도와 윤리적, 법적 고려 사항 때문이다. 앞으로 이 같은 분야에서는 해당 산업의 고유한 특성과 요구에 맞는 맞춤형 AI 솔루션을 개발하고 통합하려는 노력이 필요할 것이다.

검토

검토는 인간이 AI 에이전트의 결과물을 평가하고 이를 기반으로 개선점을 피드백하는 역할을 수행해야 한다는 것이다. AI가 생성한 데이터, 응답, 결과물은 편향되거나 오류 또는 환각을 포함할 수 있다. 따라서 인간은 명확한 기준을 가지고 결과물의 정확성과 품질을 확인해야 한다.

또한 검토 과정은 단순히 오류를 수정하는 데 그치지 않고 AI 에이전트의 학습 및 성능 개선에도 기여할 수 있다. 인간은 AI가 생성한 결과물을 분석하고 피드백을 제공해 AI 시스템이 동일한 실수를 반복하지 않도록 학습 데이터를 조정하거나 알고리즘을 개선할 수 있다. 만약 고객 서비스에서 AI 기반 챗봇이 잘못된 답변을 제공했다면, 관리자는 해당 사례를 검토하고 문제의 원인을 파악해 데이터베이스를 업데이트해서 문제를 해결할 수 있다. 이러한 검토 과정은 AI가 윤리적이고 신뢰할 수 있는 방향으로 발전하도록 하는 데 기여할 수 있다.

책임

책임의 문제는 AI가 내린 결정이나 생성한 결과물에 대한 책임 소재를 명확하게 정의해야 한다는 차원에서 점점 중요해지고 있다. AI 에이전트가 자율적으로 작동하더라도 그 결과물과 행동에 대한 궁극적 책임은 인간에게 있다. 따라서 AI 에이전트가 생성한 콘텐츠나 실행한 작업이 부적절하거나 문제가 발생한 경우 이를 해결하고 책임 소재를 파악해야 한다. 의료 분야에서 AI의 오진으로 인해 환자가 부적절한 치료를 받았다면 이를 검토하고 적절한 후속 조치를 취해야 한다.

또한 AI 에이전트의 결정이나 생성한 결과물과 관련해서 윤리적 혹은 법적 문제가 발생할 경우 이것을 해결할 수 있는 기준을 마련해야 한다. 또한 차별적이거나 편향된 결과를 생성하지 않도록 데이터를 설계하고 검토하여야 한다.

AI 에이전트와 인간의 협업 모델

앞서 논의한 연결, 적용, 검토, 책임이라는 인간의 역할은 AI 에이전트와의 협업을 가능하게 하는 핵심 요소다. 그러나 인간과 AI가 단순히 역할을 나누는 것을 넘어 실제로 작업을 어떻게 분담하고 상호작용해야 하는지에 대한 구체적인 협업 모델이 필요하다. 협업 모델은 AI 에이전트의 자율성을 존중하면서도 인간이 자신의 역할을 수행할 수 있도록 돕는 구조를 제시한다.

인간과 AI 에이전트의 협업 모델은 작업의 주도권과 의사 결정 과정을 기준으로 AI 주도, 인간 주도, 공동 작업 모델로 구분할 수 있다(Holter & El-Assady, 2024).

먼저 AI 주도 모델에서는 AI가 자율적으로 작업을 수행하고 인간은 이를 모니터링하거나 결과를 검토하고 승인하는 역할만 맡는다. AI가 주도하는 모델은 방대한 데이터를 실시간으로 처리하거나 예측 분석이 중요한 작업에 적합하다. 예를 들면 금융 분야에서 AI가 주식 시장 데이터를 분석해 투자 전략을 제안하고, 인간은 전략의 실행 여부를 최종 결정한다.

한편 인간이 주도하는 모델에서는 인간이 작업의 목표와 방향을 설정하고, AI는 이것을 실행하거나 지원한다. AI가 계산 능력이나 검색, 저장 등 보조적 역할을 수행해서 인간의 판단을 보조하는 경우다. 예를 들면 모델 디버깅(debugging)과 같은 작업에서 인간이 주도적으로 의사 결정을 하고 AI는 지원 도구로 활용되는 것이다.

마지막으로 인간과 AI가 모두 의사 결정 권한을 가지는 공동 작업 모델도 가능하다. 이 경우에는 인간과 AI가 동시에 작업하고, 실시간으로 상호 피드백을 주고받으며 양쪽 모두 의사 결정 권한을 가진다. 반복적이고 시간이 많이 소요되는 작업을 AI가 수행하고, 인간은 창의적이고 복잡한 작업에 집중할 수 있도록 역할을 구분할 수 있다. 예를 들면 UI 디자인 업무에서 AI가 초안을 생성하고 디자이너가 이를 수정해 최종 결과물을 완성하거나, 프로그래밍에서 AI가 코드를 제안하고 개발자가 이를 수정하며 최적화하는 것이다.

프로그래밍의 경우 최근에 사용되는 데빈(Devin)이나 커서(Cursor) 같은 AI 기반 코드 작성 도구는 개발자가 코드를 작성할 때 자율적으로 코드의 문제를 식별하고 수정을 제안하거나 새로운 코드를 생성한다. 코드 작성과 검토 과정에서 높은 수준의 자율성을 보여 주는데, 이를 통해 초보 개발자들도 코드를 쉽게 작성할 수 있고, 시니어 개발자들은 코드의 세부 작업보다 고수준의 설계와 창의적인 결정의 역할을 수행할 수 있다.

AI와 인간의 협업은 단순한 자동화 작업을 넘어 상호 보완적인 관계를 구축한다는 의의가 있다. 앞으로의 협업 모델은 AI 에이전트의 자율성을 확장하면서도 인간의 통찰과 윤리적 판단이 적절히 결합된 방향으로 발전할 것이다.

참고문헌

Cook, J.(2024.7.16). OpenAI's 5 Levels Of 'Super AI' (AGI To Outperform Human Capability), Forbes. https://www.forbes.com/sites/jodiecook/2024/07/16/openais-5-levels-of-super-ai-agi-to-outperform-human-capability/

Händler, T.(2023). Balancing autonomy and alignment: a multi-dimensional taxonomy for autonomous LLM-powered multi-agent architectures. arXiv preprint arXiv:2310.03659.

Holter, S., & El-Assady, M.(2024). Deconstructing Human-AI Collaboration: Agency, Interaction, and Adaptation. In *Computer Graphics Forum*(Vol. 43, No. 3, p. e15107).

https://www.cursor.com/

https://devin.ai/

08
AI 에이전트의 산업적 적용

AI 에이전트는 고객 서비스에서는 맞춤형 경험을 제공하고, 의료 분야에서는 환자 데이터를 기반으로 맞춤형 치료와 질병 진단을 지원한다. 로보틱스와 자율주행 시스템에서는 정밀 작업과 경로 최적화를 통해 생산성과 안전성을 높이고, 건설 분야에서는 위험 요소를 감지하고 설계 데이터를 최적화한다. 스마트홈과 콘텐츠 생성 분야에서는 사용자 패턴 학습과 작업 자동화로 개인화된 환경과 창의적 작업을 지원한다.

AI와 한의학?

AI 에이전트와 고객 서비스의 결합

고객 상담은 반복적이고 감정 소모가 큰 업무 중 하나다. 상담사들은 폭언이나 감정 노동에 시달리는 경우가 많다. 이러한 문제를 해결하기 위해 AI 에이전트를 고객 상담 업무에 도입하면 상담사의 업무 부담을 줄이고 고객에게도 24시간 연중무휴로 신속한 서비스를 제공할 수 있다.

고객이 "지난달에 구매한 상품 관련해서 문제가 있습니다"라고 문의했다고 하자. 고객 서비스 AI 에이전트는 고객의 요청이 과거 행동 데이터와 관련된 것을 파악한 후 과거 구매 내역을 조회하고 분석해 맞춤형 응답을 제공할 수 있다. 여기서 한 발 더 나아가 판매에도 도움이 될 수 있는데, 고객의 구매 기록과 검색 패턴, 선호도를 기반으로 재구매 가능성이 높은 상품을 추천하거나 재구매나 보상 프로그램과 같은 맞춤형 서비스를 제안하는 것이다. 이런 개인화된 맞춤 서비스는 고객 경험을 변화시키고 기업의 매출 증대로 이어질 수 있을 것이다.

고객 서비스 에이전트가 상담사 인력을 100% 대체하지 않더라도 단순 반복 작업을 자동화해서 인건비를 줄이면서 복잡한 문제 해결에 상담사 리소스를 집중시킬 수 있다. 어느 기업이든 고객 서비스 분야를 가지고 있기 때문에 고객 서비스는 AI 에이전트가 가장 빠르게 도입될 분야일 것으로 보인다.

AI 에이전트와 의료 분야의 결합

전 세계적으로 의료 시스템은 인력 부족과 의료진의 번아웃이라는 문제에 직면해 있다. 이를 의료 산업의 자동화, 효율성 증대, 진단 및 치료의 품질 향상으로 해결하기 위해 LLM을 도입해 의료 문서의 대규모 분석 및 요약, 환자 데이터의 구조화, 임상 의사 결정 지원 등을 할 필요가 있다(Zhou et al., 2023). 최근 마이크로소프트, 구글, 아마존 등 빅테크 기업뿐 아니라 대형 병원과 클리닉들도 AI 기술 도입을 통해 의료 서비스를 혁신하고 있다.

의료 분야에 AI 에이전트가 도입되면 환자의 유전적 구성, 병력, 라이프스타일 등 개별 환자 데이터를 종합적으로 해석하고, 치료 옵션을 의료진과 자연어로 상의하거나, 챗봇 형태로 환자와 직접 대화하면서 관리 계획을 효과적으로 전달하고 심지어 정서적인 도움도 줄 수 있다. 이러한 개인화된 의학은 만성 질환 관리에 특히 유용하다. 만성 질환은 환자의 상태를 지속적으로 모니터링해야 하는데, 이러한 변화를 살펴보면서 최적의 치료 계획을 추천하고, 질병 악화를 사전에 예측해 조기 개입할 수도 있다. 이를테면 당뇨병 환자의 혈당 수치를 모니터링하면서 약물 투여를 조정하거나 생활 습관 개선을 안내해 줄 수 있는 것이다(Topol, 2019).

또한 AI 에이전트는 의료 영상 분석이나 생체 신호 모니터링 데이터를 의미 있는 인사이트로 변환하고 의료진이 결정을 내리는 과정을 지원하는 역할을 할 수 있다. MRI나 X-Ray 등의 분석 결과를 바탕으로 관련 임상 정보나 치료 옵션을 요약하거나, 의료진의 질문에 빠르게 답변을 제공함으로써 의료진의 판단을 도울 수 있는 것은 물론이다.

AI 에이전트와 로보틱스의 결합

유튜브 영상에서 피규어01(Figure01) 휴머노이드 로봇이 사람이 묻는 질문을 정확히 알아듣고 답변하는 모습은 매우 인상적이다. 인간이 "지금 뭐가 보이냐"고 묻자 피규어01은 "테이블 중앙에 있는 접시 위에 올려진 빨간 사과가 보인다"고 대답하고, 인간이 "뭐 좀 먹어도 되냐"고 묻자 "물론"이라고 대답하면서 사과를 집어 건넨다. 또 인간이 바구니에 든 쓰레기를 쏟아 부으면서 "이 쓰레기를 줍는 동안 왜 방금 그 행동을 했는지 설명해 줄 수 있냐"고 묻자 "사과가 식탁에서 내가 당신에게 줄 수 있는 유일한 먹을것이기 때문"이라고 대답한다. 이 로봇은 오픈AI와 로봇 스타트업 피규어의 협업으로 개발된 것으로, 비전 AI와 대형 멀티모달(LMM)을 탑재해 실제 사람처럼 주변 상황을 정확하게 이해하고 판단해 동작할 수 있다.

최근에 LLM과 LMM이 로봇공학에 적용되면서, 로봇이 인간의 언어를 이해하고 이에 따라 행동하는 것이 가능해졌다. LLM은 로봇의 두뇌 역할을 하며, 자연어를 처리하고 복잡한 명령을 해석해 상황에 적합한 응답이나 행동을 생성한다. 규칙 기반이 아니기 때문에 예상치 못한 상황에도 적응해 작업을 수행할 수 있고, 과거의 경험과 사용자 피드백을 통해 점차 발전할 수 있다. 또한 LMM을 기반으로 텍스트, 음성, 이미지 등 다양한 입력 데이터까지 처리할 수 있게 된다면 점점 더 많은 일을 할 수 있을 것이다.

로봇은 센서라는 '눈'과 액추에이터라는 '손'을 통해 물리적 환경에서 데이터를 수집하고, 이를 기반으로 LLM이 생성한 명령을 행동으로 실행한다(Wang et al., 2024). 로봇의 인지와 제어 능력, 추론과 학습 능력, 의사 결정이 향상되기 때문에 산업 자동화, 의료, 교육 등 수많은 산업 분야에 혁신을 가져올 수 있다(Zeng et al., 2023).

최근 엔비디아와 같은 다수의 빅테크 기업들이 로보틱스 분야에 눈독을 들이고 있는 이유다.

AI 에이전트와 자율주행 시스템의 결합

2024년 9월부터 서울 도심에 자율주행 택시가 달리고 있다. 최근 구글의 웨이모(Waymo)와 테슬라 등도 자율주행 소프트웨어와 하드웨어 개발에 주력하며 로보택시와 자율주행 트럭의 상용화를 추진하는 등 자율주행 기술이 지난 몇 년간 급격히 발전하고 있다.

이전까지는 최적화 기반 및 모듈형(감지, 계획, 제어로 구성된 단계적 프로세스) 자율주행 시스템이 이용되었는데, 이 방식은 정상적인 주행 상황에서는 잘 작동하지만 예외적인 주행 상황에서 한계가 있었기 때문에, LLM을 활용하는 새로운 접근 방식이 연구되고 있다. 한 연구에서는 시뮬레이션 환경에 LLM 기반 자율주행 모델을 실험했는데, 그 결과 LLM은 주변 차량의 속도, 거리, 규칙을 고려해 안전하고 효율적으로 차선을 변경했다. 그리고 예상치 못한 차량의 행동이나 장애물이 나타났을 때도 상식적인 추론을 통해 문제를 해결했다(Fu et al., 2023).

향후 자율주행 시스템에서 사용되는 AI 에이전트는

차량 주변의 복잡한 상황에 실시간으로 적응하고 의사결정을 내릴 수 있도록 도움을 줄 것이다. 교통 패턴, 도로 장애물, 날씨 변화 등 다양한 환경 요소를 고려해 잠재적 위험을 예측하고 경로를 조정한다. 사용자가 "오늘 교통이 덜 복잡한 경로로 출근길을 안내해 줘"라고 요청하면, LLM은 실시간 교통 데이터를 분석해 최적의 경로를 안내하고 이를 음성으로 안내할 수 있다. 갑작스럽게 보행자가 도로에 나타날 경우 차량이 정지할지 우회할지를 빠르게 판단할 수 있다. 나아가 차량의 센서 데이터와 결합해 비 오는 날에는 제동 거리를 자동으로 늘리는 등 사전에 정의되지 않은 상황에도 유연하게 대응한다면 교통사고도 대폭 감소할 것이다.

AI 에이전트와 건설 분야의 결합

최근 SNS에서는 한 사용자가 클로드의 컴퓨터 유즈(Computer Use) 기능을 활용해 건설 현장의 동영상을 분석하고, 위험하거나 개선이 필요한 점을 자동으로 스프레드시트에 기록하는 사례가 화제가 되었다. 이러한 사례는 LLM 기반 AI 에이전트가 건설 현장의 작업 상태를 분석하고 위험 요소를 파악하는 데 중요한 도구로 활용될 수 있음을 보여 준다. 건설 분야에서는 안전 문제가 매우 중요한데, 향후에는 현장 내 드론이나 IoT 센서 데이터를 결합해 실시간으로 위험 요소를 감지하고 경고를 제공하는 기술로 발전할 가능성도 크다.

또한 시뮬레이션 데이터를 기반으로 프로젝트의 리스크를 예측하고, 시공 단계에서 발생할 수 있는 잠재적인 문제를 미리 진단하는 데에도 활용될 수 있다. 특정 지반 조건에서의 구조물 안정성을 분석하거나, 예상되는 날씨 조건을 반영해 최적의 시공 스케줄을 제안하는 것이다. 이러한 기술은 향후 인프라 건설과 스마트 시티 개발에도 중요한 역할을 할 것으로 전망된다.

또한 건설 정보 모델링(BIM, Building Information Modeling) 데이터와 AI 에이전트를 결합하면 설계 데이터를 분석하고 오류를 감지하거나 최적화 방안을 제시할 수 있다(Eastman et al., 2018). BIM은 건축, 엔지니어링, 건설 분야에서 디지털 3D 모델을 활용해 설계, 시공, 관리 과정을 효율적으로 통합하는 기술로, AI 에이전트의 도입으로 그 잠재력이 더욱 확장되고 있다. 사용자가 "15층 아파트 설계를 위한 초기 BIM 모델을 생성해줘"라고 요청하면 LLM 기반 AI 에이전트는 설계 조건을 분석하고 이에 맞는 BIM 모델을 자동으로 생성할 수 있다. 이로 인해 설계 초기 단계의 반복 작업이 크게 줄어들고 프로젝트의 생산성이 향상될 수 있다(Ghimire et al., 2023).

AI 에이전트와 스마트홈 분야의 결합

스마트홈 분야는 오래전부터 빠르게 보편화될 것으로 기대되었으나, 여러 제약 조건으로 인해 활성화가 더디게 진행된 분야 중 하나다. 가정 내 가전제품들이 다양한 공급업체의 제품으로 구성되어 있어 통합이 어려웠으며, 이 문제를 해결하기 위해 2010년대에 등장했던 스마트 스피커조차 자연어 이해 기술의 한계로 인해 기대만큼의 성과를 내지 못했다.

그러나 2022년, 스마트홈 산업 통합 표준인 '매터(Matter)'가 시장에 빠르게 확산되면서 스마트홈 확산의 가장 큰 걸림돌이었던 상호 호환성 문제가 해결되었다. 여기에 더해 LLM이 결합되면 기존 스마트 스피커와 자동화 시스템이 해결하지 못했던 여러 한계를 뛰어넘을 수 있을 것으로 기대가 모아지고 있다.

기존 스마트 스피커는 단순 명령에 기반한 자동화에 머물렀지만, LLM 기반 에이전트는 명령의 맥락을 이해하고 복잡한 작업을 처리할 수 있다. 사용자가 "내일 날씨에 따라 아침에 집 온도를 23도로 맞춰 줘"라고 요청하면 에이전트는 날씨 데이터를 분석하고 스마트 온도 조절기를 설정할 수 있을 것이다. 또한 사용자의 생활 패턴과 선호도를 학습해 더 맞춤형 환경을 제공하고, 선제적으로 제안할 수도 있을 것이다. 예를 들어 사용자의 생활 패턴에 대한 학습 데이터를 바탕으로 "이번 주 비가 올 예정이니 자동으로 창문을 닫는 설정을 활성화할까요?"와 같이 먼저 적절한 제안을 하는 것이다.

AI 에이전트와 콘텐츠 생성 분야의 결합

창의적인 작업은 과거에 AI가 인간을 모방하기 가장 어려울 것으로 여겨졌으나, 실제로는 AI 기술이 가장 빠르게 발전하고 있는 영역 중 하나다. 창의성이란 결국 기존 아이디어나 요소의 새로운 조합을 의미하는데, AI는 방대한 데이터를 통해 기존 스타일을 학습하고 조합하는 데 뛰어나기 때문이다.

최근 텍스트, 이미지, 비디오 생성 등의 분야에서 다양한 AI 서비스가 등장하고 있으며, 어떤 서비스들은 API 형태로 제공되어 비즈니스에 쉽게 활용할 수 있다. 이러한 API는 에이전트를 구성하는 핵심 도구가 될 수 있으며, 이들을 조합하고 자동화 워크플로에 통합하면 AI 에이전트의 역할을 수행하도록 할 수 있다.

유튜브 크리에이터나 블로거는 AI 에이전트를 통해 영상 대본 작성, 썸네일 디자인, 제목 및 설명문 생성까지의 과정을 자동화할 수 있다. "새로운 IT제품 리뷰"라는 주제를 입력하면 AI 에이전트는 해당 제품 사양과 장단점을 조사하고, 이를 바탕으로 영상 대본을 작성할 수 있다. 이어서 적합한 썸네일 이미지를 생성하고, 클릭을 유도할 수 있는 제목과 설명문을 작성한 뒤, 최종적으로 유튜브에 업로드하는 과정까지 자동으로 처리하는 것이다.

이러한 자동화는 작업 시간을 줄일 뿐만 아니라 크리에이터가 반복적이고 소모적인 작업에서 벗어나 더욱 창의적인 아이디어 개발과 콘텐츠 기획에 집중할 수 있게 한다.

참고문헌

Eastman, C. M.(2011). *BIM handbook: A guide to building information modeling for owners, managers, designers, engineers and contractors.* John Wiley & Sons.

Fu, D., et al.(2024). Drive like a human: Rethinking autonomous driving with large language models. In Proceedings of the IEEE/CVF Winter Conference on Applications of Computer Vision(pp. 910-919).

Ghimire, P., et al.(2023). Generative ai in the construction industry: Opportunities & challenges. arXiv preprint arXiv:2310.04427.

Topol, E.(2019). *Deep medicine: how artificial intelligence can make healthcare human again.* Hachette UK.

Wang, J., et al.(2024). Large language models for robotics: Opportunities, challenges, and perspectives. arXiv preprint arXiv:2401.04334.

Zeng, F., et al.(2023). Large language models for robotics: A survey. arXiv preprint arXiv:2311.07226.

Zhou, H., et al.(2023). A survey of large language models in medicine: Progress, application, and challenge. arXiv preprint arXiv:2311.05112.

https://csa-iot.org/all-solutions/matter/

https://www.figure.ai/

09

AI 에이전트의 잠재적 위험성과 윤리적 과제

AI 에이전트의 활용이 확산되면서 다양한 위험과 윤리적 문제가 대두되고 있다. AI는 알고리즘 편향과 설명 가능성 부족, 책임 소재의 모호성 등 의사 결정 과정에서의 위험을 내포한다. 개인정보 침해 문제 역시 심각해지고 있으며 일자리 대체에 대한 우려도 있지만 AI 기술은 동시에 새로운 직업과 경제적 기회를 창출할 가능성도 제시한다. 과의존은 인간의 판단력을 약화시키며 오남용은 사회적, 윤리적 문제를 초래할 수 있다.

AI와 화장품?

의사 결정 위험

챗봇은 수동적으로 질문을 기다리지만, AI 에이전트는 자율적으로 행동하며 환경에 적응할 수 있다. 특히 여러 에이전트가 협업하는 형태로 발전하면 잠재적인 능력은 기하급수적으로 증가한다. 하지만 효율성과 생산성이 향상되는 대가로 AI 에이전트가 의사 결정을 지원하거나 실행하는 과정에서 발생할 수 있는 위험은 더욱 복잡하고 다양해지고 있다.

우선 AI의 알고리즘에 의해 편견과 차별이 재생산될 가능성에 대한 우려는 오랫동안 제기되어 왔다. 캐시 오닐(Cathy O'Neil)은 『대량살상 수학무기(Weapons of Math Destruction)』에서 AI알고리즘이 어떻게 대량 살상 핵무기처럼 사람들을 차별하고 위험에 빠뜨리는가에 대해 경고했다. 대표적인 사례로 아마존의 채용 AI 시스템이 있다. 이 시스템은 주로 남성 중심의 데이터를 학습해 여성 지원자들에게 불리한 판단을 내리는 결과를 초래했다. 이처럼 알고리즘 자체는 의도를 가지지 않지만, 편향된 데이터를 학습한 결과 인간의 편향성을 증폭시킬 수 있다. 따라서 공정한 AI 에이전트를 개발하려면, 훈련 데이터와 이를 설계하는 인간 모두 최대한 편향을 배제하려는 노력을 기울여야 한다.

또한 설명 가능성(Explainability) 부족은 중요한 의사 결정 위험 중 하나다. AI 에이전트는 복잡한 데이터 패턴과 모델을 기반으로 판단을 내리지만 그 과정이 불투명한 블랙박스와 같다. 이는 특히 의료, 금융, 법률과 같이 높은 신뢰도가 요구되는 분야에서 문제를 야기할 수 있다. AI가 특정 대출 신청을 거절하거나 암 진단 결과를 제공했을 때, 그 판단의 근거를 명확히 설명하지 못한다면 사용자와 의사 결정자의 신뢰를 얻기 어렵다. 이러한 문제를 해결하기 위해 단순히 작업 성능뿐만 아니라 안전성 및 설명 받을 권리 같은 기준을 최적화하는 '설명 가능한 AI(XAI)' 기술이 점점 중요해지고 있다(Doshi-Velez & Kim, 2017).

의사 결정 과정에서 책임 소재의 모호성도 중요한 과제다. AI 에이전트가 주도적인 역할을 수행하거나 인간과 협업해 내린 결정이 해로운 결과를 초래했을 때, 누구에게 책임을 물어야 할지 판단하기 어렵다. AI 에이전트가 잘못된 의학적 진단을 내려 환자에게 피해를 입혔다고 가정해 보자. 이 경우 책임이 AI 시스템 개발자에게 있는지, 이를 사용한 의료 서비스 제공자에게 있는지, 아니면 AI 시스템 자체에 있는지 불분명하다. 이 같은 책임 소재의 불명확성은 법적 및 규제적 프레임워크를 복잡하게 만들 수 있다.

만약 AI 에이전트에게 생사와 관련된 결정을 맡기면 어떻게 될 것인가? 이 상황은 심각한 윤리적인 고민도 불러일으킨다. 군사적 용도로 사용되는 AI 드론은 전장 상황을 분석하고 타깃을 선정하며 공격을 수행할 수 있다. 하지만 이러한 시스템이 오판하거나 민간인을 공격하는 등 의도하지 않은 결과를 초래할 경우 책임은 누구에게 돌아갈까? 인간의 생명을 좌우하는 판단이 기계적 알고리즘에 의해 내려지는 상황은 필연적으로 도덕적 책임과 윤리적 딜레마를 피할 수 없다.

개인정보 침해

챗GPT가 등장한 후, 많은 대기업들은 직원들의 LLM 사용을 금지하는 조치를 취했다. LLM을 통해 회사의 기밀이 외부로 유출될 가능성을 우려했기 때문이다. 이를 해결하기 위해 일부 기업은 RAG(Retrieval-Augmented Generation)나 sLLM(Small Language Model) 같은 대안을 도입해 내부 데이터와 AI를 연계하면서도 보안을 강화하려고 시도하기도 했다.

그러나 이런 우려는 단지 기업에만 국한되지 않는다. 개인 사용자의 경우 AI 에이전트를 통해 고민 상담이나 민감한 정보를 공유하는 일이 흔해지면서 개인정보 보호 문제가 대두되고 있다. 맞춤형 개인화를 위해 대량의 데이터가 필요하지만, 사용자는 AI 시스템이 데이터를 어떻게 활용하고 있는지 명확히 알지 못한다. 예를 들어 사용자가 짝사랑에 대한 고민을 털어놓는 동안 AI 에이전트가 갑자기 끼어들어 "최근 검색 기록과 소셜미디어 활동을 기준으로 이 사람과 87% 호환되는 것으로 판단했습니다. 제가 대신 메시지를 보내드릴까요?"라고 제안한다면, 이는 개인정보의 과도한 사용과 불편한 침해감을 유발할 수 있다.

스마트 디바이스와 AI 에이전트의 보급이 확대되면서 실시간 데이터 수집이 일상화되고 있다. 대화 도중에 '시리'를 언급만 해도 호출되는 시리는 대화를 항상 듣고 있는 상태다. 이렇게 지속적으로 수집하고 분석된 사용자의 데이터가 외부로 유출되거나 악용될 경우, 심각한 개인 정보 침해를 초래할 수 있다. 예를 들면 해커가 스마트홈 시스템에 침입해 사용자의 일상 패턴을 파악하거나, 특정 행동 데이터를 이용해 금전적 사기를 시도할 가능성이 있다.

일자리 대체

AI 에이전트에 대한 가장 즉각적인 두려움은 그들이 인간의 일자리를 위협할 수 있다는 것이다. 시스템이 업무를 자동화하고 이전에는 인간만 할 수 있었던 작업들을 점점 더 잘 수행할 수 있게 되면서, 대부분의 일자리가 곧 불필요해질 수 있다는 두려움이 생겼다. 투자은행 골드만삭스(Goldman Sachs)는 2023년 보고서에서 이렇게 전망했다. "현재 일자리의 대략 3분의 2가 어느 정도 AI 자동화에 노출돼 있으며, 생성형 AI가 현재 일자리의 4분의 1까지 대체할 수 있다." 특히 반복적이고 수동적인 낮은 기술의 업무들은 일자리를 잃을 위험이 더욱 크다. 이러한 변화는 모든 부문에서 높은 실업률로 이어질 수 있다.

역사적으로 기술 혁신은 새로운 직업과 산업의 창출로 이어졌기 때문에, 반드시 AI 에이전트로 인해 실업률이 높아질 것이라고 볼 수는 없다. 산업 혁명 당시 기계가 노동자의 역할을 대체하면서도 동시에 새로운 제조업과 서비스 산업을 형성한 것처럼, AI 에이전트 역시 새로운 경제적 기회를 창출할 가능성이 있다. 엔비디아의 CEO 젠슨 황(Jensen Huang)이나 인공지능 학자 제리 카플란(Jerry Kaplan)은 AI 기술 도입으로 일부 직무가 변화할 수는 있지만 고용을 안정시킬 수 있다고 주장했다. AI를 통해 생산성을 높인 기업들이 더 나은 수익과 성장을 거두게 되어 소비자의 여윳돈을 발생시키고 이에 따라 상품과 서비스에 대한 수요가 증가해 새로운 일자리를 창출시킨다는 논리에서다.

그러나 이미 현업에서 AI와 자동화로 인해 인력들이 대체되어 가는 것을 체감하고 있다. 초급 혹은 중급 기술자 없이도 AI로 쉽게 해결할 수 있는 직무가 많아지고 있기 때문이다. 테슬라와 스페이스X의 CEO 일론 머스크(Elon Musk)나 오픈AI의 CEO 샘 올트먼(Sam Altman)은 AI의 자율적인 의사 결정과 자동화로 인해 대규모 실업이 발생하는 것을 기정사실화하면서, 이로 인해 부의 불평등을 심화시킬 것을 우려했다. 이 때문에 AI 기술로 얻은 부를 활용해 모든 사람에게 기본 소득을 제공할 수 있다면 일자리 상실에 대한 우려가 해소될 것이라고 주장한다.

특히 올트먼은 2020년부터 2023년까지 미국 텍사스주와 일리노이주에서 저소득층 3000명을 대상으로 기본소득 실험을 진행했다. 이 중 1000명에게는 매달 1000달러를, 나머지 2000명에게는 대조군으로 매달 50달러를 지급했다. 실험 결과, 기본소득을 받은 그룹은 생활비

지출이 증가하고 구직 활동이 늘어나는 등 긍정적인 변화를 보였다. 그러나 일부 수혜자들은 추가 소득을 저축하기보다 지출을 우선시해 부채가 증가하고 순자산이 감소하기도 했다. 따라서 아직 기본소득 도입에 대해서는 좀 더 장기적인 효과를 확인할 필요가 있다는 것이 중론이다.

기본소득이 도입되기 전까지는 AI로 인해 대규모 실업이 일어날 수 있는데, 그 시기 동안은 AI 관련 기술 교육과 직업 전환 지원을 강화하고, 사회적 안전망을 강화할 필요가 있다. 또한 물리적 세계와 AI를 연결하고 새로운 산업 분야에 적용하는 역할, 생성된 결과물을 검토하고 윤리적 문제를 책임지고 법규를 만드는 역할을 모색할 필요가 있다.

과의존과 남용

지도 앱의 등장은 사람들이 스스로 길을 찾는 능력을 크게 감소시켰다. 오늘날 많은 이들이 자신을 '길치'라고 표현하는데, 이것은 기술에 의존함으로써 스스로 판단하는 능력을 점차 포기한 결과로 볼 수 있다. 이러한 현상은 AI 에이전트가 삶과 일상에 더 광범위하게 도입될수록 더욱 심화할 가능성이 있다. 과도한 의존은 개인의 비판적 사고 능력과 문제 해결 능력을 침식하고, 다양한 상황에서 스스로 판단하고 결정을 내리는 능력을 상실하게 만들 수도 있다.

AI 기반 맞춤형 추천 시스템이 쇼핑, 식사, 심지어 여가 활동에까지 개입한다면 사람들은 자신의 선택권을 제한당한 채 AI가 제공하는 좁은 선택지 안에서만 행동하게 된다. 이것은 결과적으로 개인의 창의성과 자율성을 억제하고, AI가 제공하는 솔루션에 의존하는 패턴을 형성하게 한다. 선택의 폭이 넓은 것처럼 느껴지지만, 실상은 AI 알고리즘에 의해 제한된 틀 안에서만 움직이게 되는 것이다.

교육 분야에서도 비슷한 문제가 발생할 수 있다. 학생들이 AI 기반 학습 도구에 지나치게 의존하면 문제를 스스로 해결하거나 창의적으로 사고하는 기회를 잃을 가능성이 있다. AI가 모든 답을 제공하는 환경은 학습 과정 자체를 단순히 AI의 답을 받아쓰는 수동적인 활동으로 전락시킬 위험이 있는 것이다.

과의존이 아니라 의도적인 기술 남용 역시 심각한 문제가 되고 있다. 기업이나 개인이 AI 에이전트를 부적절하게 활용하거나 특정 목적으로 악용할 경우 심각한 윤리적, 사회적 문제를 초래할 수 있다. AI를 이용해 가짜

뉴스를 생성하거나, 소비자 행동을 조작하기 위해 추천 시스템을 왜곡하는 사례가 이미 나타나고 있다.

모든 획기적인 혁신에는 기회와 함께 우려가 존재한다. 혁신적 잠재력과 관련 위험 간의 균형을 찾아야 한다. AI가 운전대를 잡기 전에 강력한 브레이크와 차선 제어가 필요하다. 기술적 안전 장치를 마련하는 것은 물론, AI의 사용과 개발에 대한 명확한 윤리적 가이드라인과 규제, 인간의 감독 체계가 갖추어져야 한다.

참고문헌

Doshi-Velez, F., & Kim, B.(2017). Towards a rigorous science of interpretable machine learning. arXiv preprint arXiv:1702.08608.

Kaplan, J.(2024). *Generative Artificial Intelligence: What Everyone Needs to Know*. Oxford University Press.

O'neil, C.(2017). *Weapons of math destruction: How big data increases inequality and threatens democracy*. Crown.

The Goldman Sachs Group, Inc. Annual Report 2023. https://www.goldmansachs.com/investor-relations/financials/current/annual-reports/2023-annual-report

10
AI 에이전트의 미래

AI 에이전트는 온디바이스, AI, 웨어러블 디바이스와의 결합, 멀티 에이전트 시스템 등 다양한 형태로 진화할 전망이다. 빅테크들은 AI 에이전트를 통해 자율적인 작업 수행, 새로운 협업 모델 구축, 생산성 증대를 목표로 경쟁하고 있다. 개인적으로도 AI는 일상과 업무에서 동반자 역할을 할 것이다. 초지능의 등장이 가까워지며 규제와 윤리적 논의가 중요해지고 있으며 개인은 변화에 적응하고 큰 그림을 볼 수 있는 역량을 키우는 것이 필요하다.

종교와 AI?

AI 에이전트의 진화 방향

앞으로 우리는 어떤 형태로 AI 에이전트와 상호작용하게 될까? 가장 유력한 전망은 우리의 모바일 기기 내에서 직접 작동하는 온디바이스 AI(On-Device AI) 형태일 것이라는 예상이다. 사용자와 가장 가까이 있는 디바이스 내에서 사용자의 삶에 맞춤화되고 밀착된 퍼스널 어시스턴트 형태로 진화하는 것이다. 아이폰의 시대에 앱스토어를 통해 수많은 애플리케이션이 연결되었듯이, 통합된 AI 에이전트 하나가 다른 수많은 애플리케이션을 매개하고 연결해 주는 포털 역할을 수행하는 형태로 진화될 수 있다.

온디바이스 형태는 사용자의 요청에 대한 응답 시간을 단축하고 개인정보 보호를 강화할 수 있다는 차원에서도 유리하다. 그러나 온디바이스 AI의 구현을 위해서 기술적으로 사용자의 기기 내부에서 AI 연산을 효율적으로 처리하기 위한 AI 전용 칩셋과 대용량 데이터 처리를 위한 메모리와 저장 장치의 고도화가 필요하다.

한편, 최근에 오픈AI에서 실시간으로 대화할 수 있는 고급 음성 기능을 출시한 것처럼, 향후에는 점차 음성 자연어를 기반으로 AI 에이전트와 상호작용하게 될 것이다. 인간이 상호작용하는 컴퓨터 인터페이스가 VUI(Voice

User Interface), 음성 사용자 인터페이스로 진화하는 것이다. VUI는 사용자가 손을 사용하지 않고도 자연어로 명령을 내릴 수 있기 때문에, 메뉴 탐색이나 입력 과정을 단축해 시각적 인터페이스에 비해 인지적 부하를 줄일 수 있다.

이에 따라 기존 모바일 기기가 아닌 다른 형태의 하드웨어가 필요하게 될 것으로 전망되고 있다. 이를테면 스마트워치, 스마트 글래스와 같은 웨어러블 디바이스 형태가 될 수 있다. 메타는 AI 에이전트와 상호작용할 수 있는 스마트 안경을 출시했고, 휴메인(Humane)이라는 회사는 옷에 부착할 수 있는 핀 형태의 디바이스를 선보이기도 했다. 향후에는 여러 에이전트가 협력해 복합적인 작업을 수행하는 멀티 에이전트 시스템이 하드웨어와 결합할 가능성이 있을 것이다. 예를 들어 스마트 안경은 사용자에게 피드백을 제공하고, 웨어러블 기기는 생체 데이터를 수집하며, 스마트폰은 종합적인 작업 계획을 관리하는 방식으로 협력하는 것도 가능할 것이다.

빅테크 기업들은 AI 에이전트 시대를 선점하기 위해 각축전을 벌이고 있다. 오픈AI에서는 2025년까지 AI 에이전트 시스템이 주류가 될 것이라는 전망을 내놓았으며, 2025년 1월 자율형 AI 에이전트 오퍼레이터(Operator)

를 출시했다. 오픈AI 플랫폼 책임자인 올리비에 고드먼트(Olivier Godement)의 인터뷰에 따르면, 최근 공개한 리얼타임 API와 챗GPT 서치 기능 역시 음성으로 실시간 상호작용하는 AI 에이전트로 가기 위한 기반으로서 출시한 기능들이다. 마이크로소프트는 2024년 11월 시카고에서 열린 콘퍼런스에서 "AI 에이전트 시대를 열겠다"고 밝히며 365 코파일럿의 신규 AI 에이전트와 기능, 자율형 에이전트 등을 소개했다. 마이크로소프트의 비전은 복잡한 업무를 처리하는 자율 에이전트를 사용자가 직접 구축하고 다양한 에이전트가 포함된 에이전트 라이브러리를 구축하도록 하는 것이다. 구글은 AI 에이전트 자비스(Jarvis)를 공개할 예정인데, 앤트로픽의 '컴퓨터 유즈' 기능처럼 사용자가 브라우저를 통해 필요한 작업을 자동으로 처리할 수 있는 형태가 될 것이라고 알려지고 있다. 앞으로 출시될 AI 에이전트가 성공하기 위해서는 고도화된 추론 능력, 확장된 도구 활용 능력, 사용자와의 심리스(Seamless)한 상호작용이 핵심이 될 것이다.

멀티에이전트 시스템은 더욱 고도화되고 관련된 연구나 서비스들이 출시될 것으로 보인다. 엔비디아의 CEO인 젠슨 황은 이렇게 말했다. "현재 엔비디아의 직원은

32,000명입니다. 하지만 언젠가는 회사가 5만 명의 직원과 모든 그룹에 1억 명의 AI 조수를 두기 바랍니다". 그는 앞으로는 인간 근로자를 지휘하는 대신 모두가 AI 에이전트의 CEO가 될 것이라고 말했다. 향후 회사들은 대규모의 AI 에이전트 컬렉션을 보유하고, 필요한 목적에 따라 에이전트 팀을 구성할 수 있게 될 것이다. 인간이 에이전트 리더에게 작업을 주기만 하면 에이전트 리더가 특정 전문가 에이전트를 팀으로 구성해서 작업을 수행한다. 이런 시나리오가 현실화되면 한 기업의 AI 에이전트가 다른 기업의 AI 에이전트와 협업해 업무를 수행하는 등 AI 간의 상호작용과 협력이 중요해질 것이다.

AI 에이전트가 물리적으로 확장하는 로봇 시장은 더욱 빠르게 성장할 것이다. 최근 테슬라의 'We, Robot' 행사에서는 운전대와 페달이 없는 완전 자율주행 로보택시 '사이버 캡(CyberCab)'의 시제품과 20인승 전기밴 콘셉트카인 '로보밴(Robovan)'이 공개되었으며, 테슬라의 인간형 로봇 옵티머스는 무대에서 춤을 추고 관객들에게 음료를 제공하며 참석자들과 대화를 나누는 자연스러운 모습을 보여 주었다. 이 로봇은 원격 제어에 의존했을 가능성도 제기되고 있지만, 향후 가사 노동, 교육, 반려동물 돌봄 등 다양한 분야에서 로봇이 활용될 것이라는 기대감이 커지고 있다. 피지컬 인텔리전스(Physical Intelligence)라는 로봇 스타트업은 빨래를 개거나 테이블을 정리하는 로봇의 모습을 홈페이지에 공개하고 있다. 최근 24억 달러 기업 가치를 인정받으며 4억 달러 규모의 투자를 유치했다. 이런 로봇이 일상에 보편화되면 인간은 일상의 반복적인 작업에서 해방될 수 있을 것이다.

또한 개인적 차원에서도 AI 에이전트와 로봇이 일상의 동반자가 될 가능성이 있다. 이미 캐릭터(Character.ai)나 레플리카(Replika.ai) 같은 정서적인 역할을 하는 AI 에이전트 서비스들은 사용자들의 큰 호응을 얻고 있다. 마이크로소프트 AI CEO인 무스타파 술레이만(Mustafa Suleyman)은 AI가 개인과 일생동안 나눈 대화를 바탕으로 무한한 메모리를 형성하게 되면서 인생의 동반자가 될 수 있을 것으로 예상했다. AI 에이전트가 과거의 대화와 행동 데이터를 분석해 개인 맞춤형 솔루션을 제공할 수 있게 되면 선제적으로 사용자에게 필요한 것을 예측하고 제공할 수 있다. 또한 사용자가 생성한 디지털 기록을 정리하고 보존하는 디지털 유산 관리자로도 활용될 수 있을 것이다.

초지능 AI 전망과 개인이 AI 에이전트 시대를 건너가는 법

AGI는 한순간 발표된다기보다 뚜렷한 사건 없이 어떤 임계점을 넘을 것이다. 앤트로픽의 CEO인 다리오 아모데이(Dario Amodei)는 렉스 프리드먼(Lex Fridman) 팟캐스트에서 특별한 일이 없는 한 2026년에서 2027년경 AGI가 실현될 것으로 전망했다. AI의 발전 속도를 보면, 2023년에는 학부 수준이었지만, 2024년에는 박사 수준에 도달하기 시작했다는 것이다. 그는 이것도 보수적인 추정치라고 언급하며 생각보다 더 빠르게 AGI가 실현될 수 있다고 말했다.

초지능의 등장이 가까워지고 있다는 인식에 따라 규제를 해야 한다는 목소리도 커지고 있다. 술레이만은 대표적인 규제론자로 『더 커밍 웨이브(The Coming Wave)』에서 초지능이 인류의 생존과 사회적 구조에 미칠 수 있는 잠재적 위협을 방지하기 위해 사전 조치를 취해야 한다고 강조한다. 반면 아모데이는 선택적 타깃 규제가 필요하다고 주장했다. 결국 지나친 제약과 과도한 자유 사이에서 균형점을 찾는 것이 관건이다.

한편, 개인으로서 우리는 어떻게 AI 에이전트 시대에 대처해야 할까? 우선, 기술이 발전할수록 종합적인 사고를 할 수 있는 역량이 중요해진다. 기술이 세부적이고 전문적인 부분을 해결해 주기 때문에, 큰 그림을 보고, 다양한 영역에서 연결이 필요한 부분들을 파악하고 연결할 줄 알아야 한다는 의미다. 이는 자동화 프로세스를 구축하기 위해서도 필요한 역량이다. 자동화 단계를 설계하기 위해서는 각각의 영역에서 트리거 조건과 조건에 따른 결과가 연결되어야 하고, 상호 연관이 없었던 분야들을 통합하는 능력이 요구된다. 각각 세부적인 작업을 유기적으로 연결하는 조정자의 역할은 AI가 쉽게 대체하기 어려울 것이다.

오늘의 새로운 변화를 내일의 변화가 덮어 버린다. 이처럼 매일매일 기준점이 바뀌고 있기에 '변하지 않는 것'에 초점을 맞추는 것도 한 가지 방법이 될 것이다. 모건 하우절(Morgan Housel)은 『불변의 법칙(Same as Ever)』에서 "사람들은 무엇이 변할 것인지에 늘 관심을 갖지만, 미래에 대비하려면 오히려 과거에도 지금도 미래에도 변하지 않는 '불변의 법칙'을 알아야 한다. 아마존은 "저렴한 가격, 빠른 배송을 원하는 고객의 욕구는 변하지 않는다"는 비전을 견지하며 사업을 운영해 오고 있다. 빠른 변화의 소용돌이 속에서도 변하지 않는 기준은 무엇인지에 대한 고민이 필요한 시점이다.

또한 빠르게 변화하는 세상 속에서 무엇보다 중요한 것은 신속하게 학습하고 적응하는 능력이다. AI 기술의 발전의 긍정적인 점 중 하나는 인간의 능력을 증강하고 전문성의 진입 장벽을 낮췄다는 점이다. 이제 한 번도 그림을 그려 본 적이 없는 사람도 전문가 수준의 그림을 그리고, 악기를 한 번도 연주해 본 적 없는 사람도 훌륭한 음악을 작곡한다. 모두가 동시에 거인의 어깨에 올라서게 되었고, 출발선이 재정의된 셈이다. 이에 따라 출발선의 위치를 빠르게 파악하고 새로운 기회를 포착하는 능력이 필요하다. 변화라는 것은 위기이기도 하지만 새로운 기회와 틈이 열린다는 것을 의미하기도 한다. 쏟아지듯이 새로운 기회들이 열리고 있고, 그것을 잡는 것은 우리의 몫이다. AI에이전트의 시대는 이제 막 시작되었다.

참고문헌

김태종(2024.11.20). MS "AI 에이전트 시대 연다"…새로운 AI 기능 대거 공개(종합). 연합뉴스. https://yna.co.kr/amp/view/AKR20241119147151091

Housel, M.(2023). *Same as Ever: A Guide to What Never Changes*. Portfolio.

Suleyman, M.(2023). *The coming wave: technology, power, and*

the twenty-first century's greatest dilemma. Crown.
https://humane.com/
https://lexfridman.com/podcast/
https://www.meta.com/kr/smart-glasses/
https://www.physicalintelligence.company/
https://www.tesla.com/we-robot

박현아

오디오테크 스타트업 이어가다(Eargada) 공동대표다. 서울대학교 Human-Computer Interaction+ Design 연구실에서 박사 과정을 수료하고 KAIST 문화기술대학원에서 석사 학위를 받았다. 저서로 『인공지능, 말을 걸다』(2020), 『가나자와에서 일주일을』(2014)이 있다. "인공지능 대화형 에이전트의 지능적 속성에 대한 기대와 기대 격차"(2019) 등 다수의 인공지능 및 문화 콘텐츠 분야의 논문을 학술지에 게재했으며, "AI 에이전트의 성격 및 페르소나 설계" 등의 프로젝트를 수행했고, 실무에서 AI에이전트를 기획 및 개발했다. 한양대학교 문화콘텐츠학과 강의 경력이 있다.